ちくま学芸文庫

組織の限界

ケネス・J・アロー
村上泰亮 訳

筑摩書房

THE LIMITS OF ORGANIZATION
by
Kenneth J. Arrow

Japanese translation rights arranged with W. W. Norton & Company, Inc.
through Japan UNI Agency, Inc., Tokyo

目次

組織の限界

――わが両親の想い出に――

日本語版への序文

組織の分析への私のささやかな貢献が、一般の日本の人々にも読んでもらえるようになりつつあることは、大変に喜ばしい。この点について、出版社岩波書店に感謝したいし、そして私の友人でありまたかつて一時スタンフォード大学での同僚でもあった村上泰亮教授の翻訳の努力に感謝したい。現在の国際的状況は困難と脅威と対立とを含んでいるが、しかもそれらの中にあって希望の徴候とみなしうるのは、世界の知的コミュニティが相互に理解し、共通の関心を寄せるテーマを発見する能力をもっているという事実である。政治的組織が挫折するにもかかわらず、形式的構造に乏しい知的組織が力を発揮するということは、まさしく組織理論が取り組むべき論点の多様性の例示でもある。

以下に述べられるこの本の内容は、むしろ一種の研究計画とみなしうるものであって、完了した仕事の成果ではないし、あるいは十分に展開された思考体系でさえもない。そもそも組織の一般理論は、完全競争均衡理論に比べて、本質的により複雑であるように思われる。このことは部分的には数学の問題だと私は考えている。完全競争均衡の理論が数多くの定理を生み出してきたのは、たまたま利用可能な数学的手法に恵まれていたということでもある。一世紀以上にもわたって非常に有能な人々によって探究されてきた主題が、依然として新しく興味ある成果を生み出しつづけるということは、驚くべきことである。他方、組織の理論は明らかに本来組み合わせの数学の側面をもっている。この種の数学は難しいということで悪名高い(Harrison White, Scott Boorman などの数理的社会学者による最近の労作は、この点で注目すべきである)。

最近、組織行動と市場との相互作用の分析について、相当の発展がみられた。これには二つの側面がある。すなわち、㈠経済システムにおける決定単位の多くは組織であって、通例仮定されているような個人ではない。㈡決定単位が相互に作用し合う場としての市場は、それ自身組織としての性格を数多くもっている。

㈠　企業は典型的には多数成員よりなる組織であって、そこには情報の流れの不完全性と指令構造の分化とがみられる。したがって企業を、すべての関連ある情報を十分に入手できる単一の意思決定者として眺めようとする経済モデルによっては、企業行動は必ずしもうまく予測できない。この種の観点は、もちろんHerbert Simonとその同僚たちによって展開されてきたものであり、本書の各章でも論じられている。Oliver Williamsonとその共同者たちは、このようなテーマをさらに一層展開してきた。とくに注目に値するのは、経済理論で仮定された労働市場と、大企業内部における労使間関係の実態との相違である。大企業内部の労働市場分析の成果（Clark Kerr, John T. Dunlop, Peter Doeringer そして Michael Piore）が、企業組織の観点からする分析と統合されるべきことは疑いを入れない。

㈡　市場というものを、価格が公表されすべての参加者に交換条件が設定される場として、それ自体の内容を問わない一つの「質点」であるかのようにみる考え方は、いよいよ批判を受けるようになってきた。最も古典的な経済理論においてさえも、市場が均衡にない場合、つまり供給量が需要量に一致しない場合に何が起こるかを問題にせざるをえない。この点について通常の分析は、ある程度市場を一種特別な組織として行動するかのように考えている。つまりその組織では、供給と需要についての情報が集められ、その情報が何らかの形で価格変化を「惹き起こす」のである。しかし通常の分析はそれ以上詳細な議論には立ち入ろうとしない。だが価格、とくに労働市場での価格が供給超過の事態下では硬直的だというケインズの認識は、市場の内部構造をさらに完全に分析する必要があることを示している。現にいくつかのアプローチが試みられつつあるが、ある種のアプローチは、市場における価格と数量についての情報を獲得するにはコストがかかることを強調する。市場への参加者は調査活動に従事しなければならないのである。他のアプローチは、財の質を確実には知りえないのであって、各種の付加的な情報収集手段を必要とすると指摘する。たとえば、教育システムは、労働者の質についてのある種の情報を与える手段として役立つのである（A. Michael Spence と Joseph Stiglitz の労作をみよ）。

以上の二つの論点は、経済理論において現に行なわれつつある研究について、非常に不十分ではあるにせよ一つのイメージを与えるのに役立つであろう。それらの研究は、必ずしもはっきりと組織理論という名を冠しているわけではないが、実際には組織理論に深い関係をもっている。

しかしながら、組織の働きは、市場の働きの補足としての性格をはるかに超えるものを含んでいる。全体としての社会は、要するに、人間の相互作用の全側面をおおう組織のヒエラルキーのうちの最大のものである。正義の問題、社会的選択の問題は、組織理論の本来の一部である。このことをいうのは、単に定義上の意味においてばかりでなく、より具体的にいって、組織の機能が目的を共有するという感覚に依存し、そしてその目的が現に実現され理解されなければならないという意味においてである。

このような複雑な背景を念頭におくとき、われわれはこの種の問題についていかなる特定の労作を提出するにあたっても謙虚でなければならない。私の希望があるとすれば、それは、以下の頁に示される議論が、読者の間で問題を喚起する点で何らかの成果をあげることにほかならない。

序文

本書の内容は、一九七〇―七一年度のフェルス記念講演として述べられたものである。ここで私は、単に講演の機会を与えられたことに対してだけでなく、従来の私のやり方とは大きく違ったスタイルの思考と表現の試みを励まされたことに対して、The Fels Center of Government およびとくにセンター所長にしてわが友なるJulius Margolis に感謝したい。この本で展開した考え方は、同時代の何人かのすぐれた思想家たちの考えに依存しており、その私の負債は巻末の文献リストによっては十分に表わしうるものではない。

第二章と第三章は、「技術と社会に関するハーバード大学プログラム」所属の、経済生活一般およびとくに技術革新における近代企業の役割に関するプロジェクトのために用意された論文に基づいている。この論文は、R. Marris and A. Wood (eds.), *The Corporate Economy: Growth, Competition, and Innovative Power*, London and Basingstoke, Macmillan, 1973の第七章として出版されている。私の関心を刺戟しそして論文の使用許可を与えられたことに対して、プログラム・ディレクターのEmmanuel G. Mesthene博士およびプロジェクト・リーダーのRobin Marris博士に感謝したい。

第一章

個人的合理性と社会的合理性

個人と、社会における彼の行動との関係は、逆説と交錯のそれである。偉大な賢者ラビ・ヒーレル〔ナザレのイエスと同時代のパリサイ派の大思想家〕の次の言葉は、その間の事情を見事に描き出している。

「もし私が自分自身のためにしないならば、だれが私のためにするのか。
もし私が他の人のためにしないならば、私とはだれなのか。
いまがそのときでないならば、いつがそのときなのか」

これら三つの一連の文章には、個人の自己充足の要求と、社会的良心・社会的行動の要求との間にあって、われわれが誰しも感じる緊張の本質が示されている。なんらかの形で、自分の内なる価値を表現しようとするのは、すべての個人の必然的欲求である。しかし社会の要求と、そしてまさしく社会のなかにおいてのみ表現されうる個人の要求とは、個人が自分自身のためのみならず、他の人のためのものでもあることを求め、そしてまた、他の人を自分にとって手段であると同時に、目的でもあるかのごとくみなすことを求める。このようなラビ・ヒーレルの二つの問いとそのそれぞれ意味するところを学ぶとき、われわれが彼の第三の問いに思いいたるのはなんら怪しむべきことではない。すなわち、かくも多くのさだかならぬ変化に立ち向かいつつ、われわれはいかにして各瞬間にただちに確信をもって行動に移りうるのか。

社会と個人との間の緊張《テンション》は避けうべくもない。社会からの要求と個人からの要求とは、社会的対立《コンフリクト》の各局面においてのみならず、個人の良心のなかにおいても互いに相争う。大きな本を書き鮮やかに講義したとしても、いかなる意味にせよ、これらの相争う要求の究極的な解決を与えることはできない。私がここで主張しようと試みるのも、目的と手段との合理的なバランスということが、何らかの意味で理解されなければならないということにすぎないし、その理解が、われわれ自身およびわれわれの社会的役割を理解する上で、重要な役割を果たすということにすぎない。ここで一つの例として、ある種の傾向の考え方を——正確にいえばいささか戯画化して——紹介してみよう。最近、厳密を欠いた名前だが「新左翼思想」と呼ばれている考え方がある。考え方そのものはおそらくそんなに新しいものではない。多少とも思想史を読んだことのある人ならば、アナルコ・サンディカリズムという名前を耳にしたことがあるだろう。バクーニンやソレルが現在の「新左翼思想」と同じような論点をあげて議論をしたのは、もうずいぶん前のことである。とはいえ、論点そのものは現在も意味を失なっていない。誠実さとでも名付けられるようなものへの要求は現に存在している。個人と彼の社会的な役割との間の完全な融合への要求がある。理想的な社会では、自分自身への要求と、社会の要求への対応との間の対立が、何らかの形で解消されなければならないという考え方が現に存在している。しかしここでソレルそのものに戻れば、彼の場合にも、この種の教義と同時にそれと混在して、そのような教義が神話でもあるというとらえ方が見出されることは言うまでもない。このことは、対立の解消のためには、われわれの関心領域を、ある種の形で限定せざるをえないということを示唆している。新右翼もまた、その自由主義型の代表者の場合をとってみると、それなりのやり方でこの対立を解消する。新右翼の考え方は、国家の役割、そして集団的《コレクティヴ》行動や責任の役割を否定あるいは少なくとも極小化し、厄介な道徳的ないし権力的帰結を伴ないがちなこの種の集団的要求に代えて、市場《マーケット》崇拝をもってしようとする。これら二つの考え方はいずれも極端である。われわれの大部分は、ある種の中間領域で動いており、そこでわれわれは社会からの要求を認めてはいるものの、日々の私的な生活に携わっているかぎりでは、時に相当の間社会からの要求を忘れることもあるだろう。そしてまた、ある種の社会的状況の下でおそらくはいささか場違いな自分個人の主張をあえて試みて、時には鮮やかに成功をおさめたり、時には惨めにも失敗したりしているのである。

私が以下で議論しようと思うのは、社会と個人との間の関係であるが、その場合、合理的であることを基本的な姿勢にすると言っておきたい。もっと詳しく言えば、経済分析者《エコノミスト》であることを基本的姿勢としたい。正式に訓練を受けたエコノミストは、自分自身を、合理性の守護者、他の人に対して合理性を説く人、そして社会全体に対して合理性を処方する人、と見なしている。私が以下で演じようとするのはこの役割である。

そもそもなぜ集団的行動を取らなければならないのか。社会というものをもたなければならないのはなぜか。あるいは少なくとも、経済面での重要な役割を社会に委ねる必要はなぜ起こったのか。エコノミストの目から見れば、それは、集団的行動が個人的合理性の領域を拡張できるからである。集団的行動は有力なひとつの手段であり、それによって個人個人が、自分の個人的価値をいっそう十分に実現することができるような手段である。この論点は、一見したところ、あまりにも平凡に響くであろう。そしてエコノミストにとっては、いまさらコメントをする値打ちもないことになるだろう。だがこのことは、あまりに当然のこととされていて、はっきりと主張されていない。しかし集団的な企てから深い情念的な満足を求めようとしている人々にとって、このような考え方は必ずしも同意できるものではない。かってエドマンド・バークは次のように言った。「騎士道の時代は去った。詭弁家と計算屋とエコノミストの時代がそのあとを継いだ。ヨーロッパの栄光は永久に去って帰らない」。どちらかといえば無味乾燥で難解な利潤と損失の計算は、壮大な情熱に結びつくものではない。それは困難な問題に対して、魔術的な解決を与えるものでもない。集団的行動について本当に合理的な討論を試みようとすれば、一般的な文脈にせよ、あるいは特定の文脈にせよ、議論は必然的に複雑なものとなる。そしてさらに悪いことには、それは必然的に完結しないのであって、問題を解決するわけではない。合理性とは、結局のところ手段と目的、そしてその二つの間の関係に関するものである。合理性は、目的の内容を特定化することはできない。それは単に、われわれをして、目的と手段の間の調和や矛盾を意識させることを試みるにとどまる。かくて究極的には、いかなる価値に関する議論も、分析不能な最終命題にたどり着いて、そこでしばらく立ち止まらざるをえない。われわれがある価値判断を、さらに深層に属するとされる判断に結びつけて正当化しようとするならば、そこには単に無限の後退あるのみである。

さてここでエコノミストが、社会的選択あるいは個人的選択の問題について、どんなことを考えているかを簡単にスケッチしてみよう。基本的に言うならば、われわれは、二つの力、すなわち価値と機会の二つの力の間に、対抗、緊張、あるいは均衡を見ようとしている。一方において、個人はさまざまの種類ないし次元の目標をもっており、それらが一つの意味のある集まりを形造っている。その範囲は、物質的な目標を達成する消費から、われわれが通常、より高次の目標と考えているようなものにまで及ぶ。ただし高次の目標だからといって、おそらくは必然的により重要な目標というわけではないであろう。しかし大部分の目標についてみれば、それらを実現する可能性がそもそも限られている。すなわち、機会の範囲は限られているのであって、個人は自分自身で行動するか、あるいはなんらかの集団を通じて行動することによって、それらの間からの選択を果たさなければならない。彼は自分のもっている稀少な資源を節約しなければならない。彼は、可能なさまざまな機会の中から、自分の価値をもっともよく達成することができるようなものを選ばなければならない。

この点に関してエコノミストの果たす役割はときとして不愉快なものである。かつてカーライルが、われわれエコノミストを陰鬱な科学《ディズマル・サイエンス》の実践家たちという名前で呼んだのは、いささか片手落ちではあるにしても、おそらくまったく根拠がないわけではない。われわれエコノミストはしばしば、与えられた機会の限界を指摘しなければならない。われわれは、「これかあれかのどちらかであって、一度に両方はやれません」と言わなければならない。さらに悪いことに、われわれは経済システムがそもそも複雑なものであるということを、しばしば指摘しなければならない。望ましい価値を達成するために一見当然な手段であるように見えるやり方が、実際にはしばしば逆の結果を生んでしまうということが起こる。たとえば、最低賃金を思いきって引き上げる各種の提案を例としてあげたい。たしかにわれわれは、所得を再分配し、賃金スケールの低いほうの端に属する人々に所得を移転しようとする。そのためのもっとも一見当然なやり方は、賃金を引き上げることである。だがエコノミストがよく知っているように、事態はそんなに簡単ではない。システムはこの政策に反応して動く可能性をもっている。システムは政策を受動的に受け入れるわけではない。かくて最後の結果は失業の増大であるかもしれない。これは低賃金よりも結果としてはもっと悪い。もちろん限界を指摘するという役割は、なにもエコノミストに特有なものではない。それは専門家の一般的役割であり、そしてまさしく他の分野においても、一見当然なやり方が必ずしも有効なやり方ではないのである。たとえば教育の質を改善するための一見当然なやり方は、既定の線に沿ってより多くの資源を教育につぎこむことであるが、最近の研究によると、そのようなやり方からはいまやきわめてわずかな成果しか期待できないことが示唆されている。

このような価値と機会の問題は、一人一人の個人のレベルにおいてさえも起こる。一人だけの狩人、孤立した農民、あるいは経済学者のお気に入りの教科書的な例でいえばロビンソン・クルーソーなどであっても、この種の選択問題に直面せざるをえない。しかしわれわれがここで関心を払うのは、社会の組織における個人間の関係の役割である。経済的な観点から出発するならば（私は事態は経済を超えてもっと一般的なものだとは思うが）、われわれの状態を相互に改善し合うためには、個人間の関係が、われわれの集団的な組織の一部として、必要となることは明らかである。それらが必要とされる理由は少なくとも二つあるし、あるいはもっとたくさんあるかもしれない。第一の理由は、単に、社会の基本的な資源、すなわちその自然資源、人間資源、技術資源の供給が制限されている、ということである。可能な価値をそれぞれ実現しようとし、したがってそれらの価値に応じて可能な活動をそれぞれ発見しようと試みるならば、当然これらの稀少な資源に対する競争が引き起こされる。もしもわれわれがある方向をとるならば、他の方向をとることはできない。かくてわれわれは、この競争を裁定するようなシステムをもつ必要がある。それは市場であるかもしれないし、あるいは軍事政権や社会主義国家におけるように、権威に基づく配分システムであるのかもしれない。いずれの場合にせよ、われわれは、資源を求めて行なわれる競争を規制するために、すなわち、さまざまな可能な用途の間で資源を配分するために、ある程度の複雑さと相当程度の組織性とをもった社会システムを必要としている。

さらに個人間にまたがる組織が必要とされる第二の理由は、協力から発生するはずの利益を確保するところにある。本質的な考慮事項は次の二つである。㈠各個人は異なっており、そしてとくに異なった能力をもっている。㈡社会的な課題を達成するに際して、個人個人が見せる能率は、専門化が進行するとともに、概して改善される。われわれは機能の専門化を達成するために、協力を必要としている。交易と分業のあらゆる要素がそこに含まれている。原始的な村に住む鍛冶屋は、蹄鉄を食べることを期待されているわけではない。彼は蹄鉄を作る専門家であり、農民が蹄鉄とひき替えに穀物を彼に供給するのであって、その結果（ここが重要な点であるが）両者ともより良い状態に到達することができるのである。

　ところでどのようにしてわれわれは、可能なさまざまの社会的組織を比較評価することができるのか。社会の要求に応えるためには数多くの可能なやり方がある。そしてそれらのやり方は、数多くの異なった要求を満足させる。しかもある種のやり方は好ましく、ある種のやり方は不成功であるように見えるのである。ただし、ここでとりあえず私が関心を払おうとするのは、良い社会をどうして達成するかということではなくて、それをどう定義するかということにすぎない。あるシステムが他のシステムよりもより良いということの意味は何なのか。再び経済学の考え方に立ち返ると、そこでは常識化していることであるが、エコノミストは、ヴィルフレド・パレートの名前に結びつくところの効率性、あるいは最適性という概念を使っている。より良いとか、あるいは効率的とかいう言葉はさまざまな内容を意味しうるが、しかしいずれにせよ次のような内容は当然そこに含まれるべきであろう。すなわち、社会に属するすべての個人が、自分自身の個人的な価値体系に基づいて、ある状態、あるシステム、あるいはある配分をほかのものよりも良いと感じているならば、その状態、システム、配分は、社会的により良いのである。

かくてわれわれがある状態を評価するとき、この基準の意味で他にそれよりもより良い状態が存在しているならば、問題のその状態を受け入れようとはしないことは確かである。そして配分あるいはシステムについて、それが効率的《エフィシェント》（私は以下ではこの簡単な言葉を使うことにする）であるとは、このような強い意味でより良い他の配分や他のシステムが存在しないということなのである。繰り返し言えば、強い意味でより良いとは、すべての人がより良い状態にあるということである。かくてこの定義は、無数の好ましからざる議論の混乱のなかを切り開いていくために非常に有効である。しかしそれは、言葉のいかなる意味にせよ、最善の事態を一義的に定義するものではない。もしもわれわれの社会に二人の個人がいて、ある種の事態の下では、個人Aが非常に裕福になり、そして個人Bは貧しくなるといったようなものであるとする。他方、第二の事態ではその逆が起こりうると考える。これら二つの事態のいずれにせよ、われわれの定義に従うかぎり、一方が他方よりも厳格な意味でより良いということはできない。それらの事態は単に比較不可能であるにとどまる。それらをさらに比較するためには、このような基準以外の判定基準、厳密を欠く言い方をあえてすれば、「分配上の正義」という言葉に結びつけられるような他の基準を使わなければならない。

さてこのような形で議論を展開し、さらにある種の非常に専門的な仮定の力を借りると、効率性は価格システムという特定の社会システムによって達成されることを示すことができる。専門的な仮定についての細かい議論はあまり長くなるので、ここではそれに立ち入らないのが賢明であろう。価格システムでは、財貨が売買を通じて移転することが許されている。各個人は、彼等のサービス、つまり彼等個人によるサービスや、彼等の所有している財から生ずるサービスを、与えられた価格で売ることによって、おのおのの所得を獲得する。各個人はまた、この所得を再び他の与えられた価格に従って、物を購入するのに用いるのである（ただし疑いもなく彼等の購入量は供給量とは異なるだろう）。もしも現に、社会の需要と供給がこのようなやり方に従って、互いに一致するならば、つまり社会がそれらの価格の下で、人々の要求するより多くもなくまた少なくもない生産物を作り出しているならば、ある種の専門的な仮定（それについてここではふれない）が満足されるかぎり、結果として起こる事態が効率的であるということは事実であり、ないしは（正確に同じことではないようだが）論理的な定理である。

さらに言えば、このシステムには、いくつかのはっきりした付加的な長所がある。価格システムは単に、いま上で述べたような意味で効率的な配分を達成できるというだけではなくて、経済に参加する人々に対して比較的わずかな知識しか要求しない。彼等は単に自分自身の欲求について知っていさえすればよい。個人は彼の行動の社会的な帰結に心をわずらわす必要はない。このシステムに従うかぎり、ある個人が他人に影響を与えるようなことをする場合には、彼はその価格を支払う。彼が他のだれかが使えたはずの資源を取ってしまう場合には、そのために自分が支払わなければならない価格を通じて、彼はその事実を意識させられる。しかし彼は、個人としての他人へのそれ以上の配慮を求められるわけではない。それらの他人は、彼の支払わなければならない価格を通じて補償を受けることになる。

そしてさらに、要求される知識が比較的小さい（各個人は他の誰よりも自分がよく知っているはずの事柄についてのみ知識を要求されるにすぎない）ばかりでなく、あるいは同じことをやや違った言い方をするにすぎないのかもしれないが、個人にとって自由の感覚が生まれる。個人はこのシステムの内部では自由に行動することができる。なにをすべきかという直接の命令は一切ない。彼には所得があって、それを使うことができる。いうまでもなくこの行動の自由は、ある種の観点からすればいささか幻想である。彼の所得が非常に低ければ、たしかにその自由はきわめてささやかなものでしかないかもしれない。価格システムにおいてある人の所得を決定するのは正義ではなくて、複雑な相互作用のシステムであり、そのようなシステムの倫理的な意味を明らかにすることはいかにも難しい。市場における自由が理想化される場合には、この種の自由が多くの人々にとってきわめて限られた範囲のものかもしれないという事実が完全に無視されている。

価格システムはまた、われわれの倫理体系がしばしば非難するような動機を強化するという理由で攻撃されることがある。価格システムは利己主義をむしろ美徳化するのである。たしかに、ある種のエコノミストは、価格システムを強く支持して、次のような議論さえする。たとえば、企業が社会的に望まれている行動をとろうと試みるのは、社会的にはかえって悪い行動である。正しくは、彼等の目標は、彼等の利潤を極大化することのみにあるべきであって、それこそが彼等の従事すべき社会的にもっとも望ましい行動なのである。価格理論のなかでこのような主張をある程度根拠づけるような議論を発見することはできるが、しかしこの種の主張はその議論をいささかならず拡大解釈している。

われわれは、完全に利己的な動機に基づくシステムには、不安を感じるのがつねである。ここでいう利己的動機とは、まさしく言葉の厳格な文字通りの意味であって、その個人以外のすべてのものとのつながりを無視するものをさす。つまり個人は、定義によって、世界の他のすべてを無視できることになる。当然のことながら、われわれの倫理学説の大部分は、個人相互の間の関係において、われわれはそもそもこのような疎外と無名性の感覚を欲していないということを強調しようとしている。しかしそれが真実であるにせよ、われわれは他方において、価格システムによって達成されうる効率性の点での巨大な利得を無視することは許されない。その利得は考えうる他のシステムの大部分のものに比べてはるかに大きいのである。

しかしながら価格システムは、いわばそれ自身の論理のなかですら深刻な困難を抱えている。そしてそれらの困難のために、価格システムはたしかにある種の領域においては価値をもつとしても、社会生活の完全な裁定者とはなりえないという考え方が強まるのである。第一の困難、そして事実まことに重大な困難（それは私がすでにふれたところであるが）は、価格システムはいかなる形にもせよ、所得の公正な分配を与えるものではないということである。人間資源、能力、訓練等々を含み、また財産をも含む意味での資源が、初期において分配されるやり方を所与とすれば、価格システムはある種のきわめて微妙な間接的方法によって、それらの資源がいかに評価されるべきかを指示する。しかしここから簡単な結論は発見できない。また多くの一般人とはちがって、エコノミストの間では、ある種の所得分配結果をとくに公正と呼ぶべき論拠が簡単に発見できるという主張を、あえて弁護しようとする人はほとんどいない。価格システムは、かくて、それ自身では、いかなる弁護可能な所得分配をも与えうるものではない。そしてこれこそ最も重大な価格システムの短所である。

これ以外の価格システムの短所として、次のような、ある程度より客観的な形で論議できるようなものをあげることができる。事実、厳格に専門的かつ客観的な意味においても、価格システムはつねに有効ではない。ある種の物には要するに価格をつけることができない。教科書において広く取り上げられ、事実重要でもあり、いまやひとつの流行ともなっている古典的な例は、水あるいは大気の汚染である。仮説的な事態を設定すれば、純粋な価格システムがいかなるものであるべきかを説明するにあたって、次のような特殊な主体を想定することができるだろう。その主体は大気を所有し、汚染者にそれを貸し付ける。たとえば、自動車の排出するさまざまの有害物を運び去るために大気を用いることに対して賃貸料を払わせる。そして汚染の悪影響から被害を受けた人々に対して、その主体が補償するのである。しかし私は、技術的にいって、大気という財産の境界線を監視して回るといったことができないのは明らかだと考える。このような形の価格システムの実施は、要するにあまりにも難しいだろう。

（ただし、仮にこのような価格システムの実施が可能だったとしたときに、大気汚染に対して、価格をつけてそれを徴収するというやり方がなぜ望ましいかという理由を説明しておくことには価値があるだろう。その理由とは、そうすることによって、汚染を行なわないという強い誘因が生ずるからである。そして汚染を伴なうような活動の価値があまりにも高く、したがってそれが十分に抑制されきらないとしても、少なくとも犠牲者に対する補償は行なわれることになるだろうからである。）

道路の場合にも、価格システムを実行に移すに際して同様の困難が起こる。事態は大気汚染の場合ほど極端ではない。というのは、道路通行料を取ることは可能だからである。しかしわれわれの理解によれば、概していって、そしてもっとも顕著には都市内の道路の場合には、道路通行料を集めようとするコスト自体が、効率性についての利得よりも、はるかに大きくなるだろうと思われる。

ここでは私はこれらの特定の事例に、それほど関心をさかないでおきたい。それよりもむしろ、同じような事態が、さらに微妙な問題について起こるということを示しておこう。たとえば汚染や道路などよりももっと高い価値、そしてもっととらえにくい価値をもつと考えてよいものを取り上げてみよう。それは人々の間の信頼である。さて信頼というものが、仮に他の点をおくとしても、非常に重要な実用的価値をもっていることは確かである。信頼は社会システムの重要な潤滑剤である。それが社会システムの効率を高めることはたいへんなものであって、他の人々の言葉に十分に依存できるとするならば、さまざまの面倒な問題が取り除かれる。しかし不幸にして、信頼とは、非常に容易に購入できる財ではない。もしもそれを買わなければならないとすれば、買い入れられた信頼について、すでに若干の疑念が抱かれることになるだろう。信頼あるいはそれに類似した価値、忠実さ、あるいは嘘をつかないことといったような価値は、経済学者が外部性《エクスタナリティ》と呼ぶようなものの例である。それらも財である。それらも財貨であって、現存し実際的な意味をもち経済的な価値をもっている。それらはシステムの効率性を増大させ、より多くの財を生産し、われわれが高い評価を与えるところのいかなる価値についても、そのより多くを作り出させるのである。しかしそれらは、公開の市場において、それについての取引が技術的に可能であるような財ではないし、あるいは取引に意味があるような財でさえもない。

このような指摘から結論として言えることは、分配上の正義の観点のみならず、効率性の観点からしても、市場《マーケット》より以上のなにものかが求められているということである。資源配分を規制する他のやり方が浮かび上がる。これらの可能な他のやり方のうちでもっとも顕著なものは、いうまでもなく、さまざまなレベルにおける政府である。政府は価格システム内部で機能すべき手段を行使して、資源配分に影響を与えるが、しかしそれ以外にも手段をもっている。政府は財を買いサービスを買う。そのときには依然として価格システムを経由して働きを行なっている。同時に政府は税を徴収するが、税は価格ではない。税は自発的交換ではない。そしてまた政府は、いうまでもなく一連の法律と行政的規制を用いる。それらは強制的であって、いうまでもなく経済を、そしてまさしく社会一般を統制し機能するところの非市場的方法である。

かくて政府が外部性を内部化することにおいて果たす役割は、原則においては明白であるが、そのことは、それが実際に容易であることを意味するわけではない。それらの外部性を認識し測定するために政府が用いるシグナルは、必然的に不完全なものである。というのは、それらが正確には価格システムの働きえない領域だからである。政府はまさしく社会における感情や信頼や共感などを具体化する点において、私的部門よりもなにほどかすぐれているかもしれない。しかしそれには限界がある。権力は貨幣と等しく腐敗をもたらすのである。

分配上の正義という点について言えば、社会的善というものをいかなる形で考えるにせよ、そこには周知のように、基本的なジレンマが含まれている。いったん、資源の効率的な配分が達成されると、そこでわれわれは正面からの対立《コンフリクト》の状況に直面する。われわれが適当な方法によって（そのような方法として、普通われわれは徴税と再分配支出とを考えるが）、所得の分配を望ましい形に変えることができるということ、そして、再分配のその後には、適切に補正された価格システムを働かせて、効率的な資源配分を確保できるということ、これら二つの命題を弁護するのは完全に可能である。しかし、もちろんこの場合にも、われわれは、一方から取り上げて他方に与えているにすぎない。われわれが直面しているのは、真っ向からの対立状況であって、統合《インテグレーション》によって、すなわち、各個人の福祉の改善のための協力によって、うまく解消できるようなものではない。

学者は、経済学者もまた倫理学者も、なんらかの形の客観的な分配上の基準に到達しようと努めている。しかし私は、そのような探究の努力も、結論に到達しえなかったと言えることは確かだと思う。それには、この主題の論理に内在するある種の理由があると私は考えている。このような議論での基本的な事実は、人間の欲望と価値の共同的測定の不可能性であり、そして、相互伝達の不完全性である。バーナード・ショーは、かつてこういう観察を下したことがある。「おのれの欲するところを他人に施すことなかれ。他人は違った好みを持っているのかもしれない」。公正な所得分配の決定に際しては社会的な善という概念が問題になるが、それは社会の構成員の個々の価値から、なんらかの抽象によってつくり出される。しかしこの抽象は、個人の間で相互に観察される行動に基づいてのみなされうるのであって、その例は、市場における購入や投票である。それは個々人の感情の全域に基づいているわけではない。いまや周知のこととなっているように、社会的な判断を、個人の表明された選好を集計することによってつくり上げようという試みは、つねに逆説の可能性に導く。

かくて、集団的合理性の意味は、完全に首尾一貫したものではありえない。われわれはある点において、純粋な力の関係に直面する。そして、分配問題が解決されつつあるか否かは、全員一致の形では答えられないし、また、客観的に正当性のある倫理的基準が存在すると、簡単に言いきることもできない。確かに対立のうちのあるものは基本的な人間の感情である同情《シンパシー》によって緩和される。私は、ここでは同情という言葉を、その通常のやや平俗化した、慈善的なニュアンスで使っているのではない。他の人の場所に自分自身を置いて感ずるという、より文字通りの意味においても使っているのである。この同情という動機は疑いなく不十分であるにせよ、ある種の力をもって機能する。そして、それは、利他的関心の表明にある種の手がかりを与えるべくつくられている制度、たとえば政府といったような制度においては、明瞭によりよく機能する。

政府とは言うまでもなく、厖大な数の集団的制度のうちのほんの一例である。政府は、第一義的には強制力の独占体であるということによって、他の集団的制度から区別されるが、この独占力さえも絶対的なものではない。価格システムの働きがその内部では部分的に遮断されるような、もう一つの重要な領域は、企業、とくに大法人企業である。企業内の組織もまた階層《ハイエラーキー》的であり、そして官僚的である。価格が企業外から強力な影響力を与えていることは疑いえない。少なくとも、少なからぬ数の企業では、仮説的な完全市場の働きに見習おうとする試みが計画的に行なわれていて、それによって、おそらくは、動きが遅く情報の不完全な現実の市場以上の成果を収めるということさえもある。しかし企業内、とくにその下層のレベルにおいては、企業の被雇用者の間の関係は、われわれの教科書に書いてあるような、対立的な契約の関係とは非常に異なっている。ハーバート・サイモンが観察しているように、雇用契約は多くの点で、通常の財の契約とは異なっており、被雇用者は、「権威」に喜んで従うという姿勢を売るのである。そこでは権威という概念が中核的な重要性をもっているが、この点については、後の章でもう一度立ち戻りたい。被雇用者が職を離れる自由をつねに持っていることに疑う余地はないが、しかし離職のコストはつねに存在し、そしてしばしば無視できぬものであるから、雇用関係は継続的な参加の期待をつくり出すのである。

政府や企業以外にも、数多くのさまざまの組織がある。しかしそれらのすべては、政党、革命運動、大学、教会などそのいかんを問わず、集団的行動を必要とし及び非市場的方法による資源配分を必要とするという共通の特徴を持っている。

その上さらにもう一組の制度がある。あるいは制度という言い方は適切でないかもしれないが、私としては、読者の注意を喚起し、大いに重視して考えたい。それらは目に見えない制度であって、実は、倫理や道徳の原則である。言うまでもないことだが、倫理や道徳をとらえる一つの観方は、これらの原則は意識的であるにせよ、あるいは多くの場合には無意識的であるにせよ、相互の利益をもたらすような協定《アグリーメント》であるという考え方である。そしてこのような考え方は、ここで試みている合理的分析の姿勢にふさわしい。互いに他人を信頼するという協定は、私がすでに言ったように、買えるものではない。のみならず、いっしょに働きましょうという契約にサインしたとしても、相互信頼をつねに非常に簡単に達成できるわけではない。

社会はその進化の過程において、他人へ一定の配慮を払うことに関する暗黙の協定を発展させてきた。そのような協定は、社会の存続にとって不可欠であり、少なくとも、その働きの効率性に大いに貢献する。たとえば、経済発展が立ち遅れているような数多くの社会の特徴のなかには、相互信頼の欠如が含まれているということが観察されてきた。単に政府の事業のみならず、いかなる種類の集団的な事業も、単にBが現にAを裏切るかもしれないというだけでなく、AがBを信頼しようとしても、Bが彼を信頼してくれそうにないということを知っているだけで、難しくなりあるいは不可能になる。この種の社会的意識の欠如は、事実非常に具体的な意味での明瞭な経済的損失であり、そしてもとより政治システムの可能な円滑な運営にとって損失であるということは明らかである。私は、この問題をエコノミストの観点から接近して、価格システムの失敗の問題として取り上げているが、しかし他の観点から出発しても、同じような結論に到達することは確かであろうと思う。しかし経済学的な観点から出発するとしても、価格を通じる仲裁によって、すなわち他人に対して金を払うことを通じる仲裁によって、われわれの他人に対する責任のすべてを果たせるものではないという事実がある以上、社会の運営にとっては、良心と呼ばれるもの、すなわち自分自身の行動の他人に対する影響についての責任の感覚をわれわれが持っていることが不可欠になるのである。

不幸にして、このような考え方には限界がある。われわれは、自分の行動がすべての他人に及ぼす影響を、なにもかも知ることはできない。他人に対するこのような義務を真剣に受け取るならば、実はその結果を知ることはできないが、しかもなおそれについて責任を感ずるような行動をとる場合に、非常に困難な状況に追い込まれてしまう。いささかでも実効のあがる行動をとろうとするならば、われわれは他人に対する責任の感覚をある点までに限定しなければならないことは明らかである。私がすでにスケッチしておいたように、価格システムにおいては、一つの極端なことが許されている。われわれは価格を通じて、文字通りの意味でも、そして比喩的な意味でも、負債を支払うのであって、他人に対する責任について、それ以上気を使う必要はないということになっている。しかし、価格が完全には働かないということを前提するならば（われわれが道路上にいる場合、われわれが道路に対して支払わなければならないかもしれないいかなる代価とも全く別に、他人の生命の危険を脅かしていることについてはある種の責任がある）、われわれは、ある程度まで社会的な責任を考慮しなければならないはずである。しかしそのとき社会的責任はもはや簡単な、輪廓の明瞭な境界線を持ったものではなくなってしまう。

上記のような議論から導かれることは、いかなる瞬間においても、個人は必然的に彼の個人的欲望と、社会の要求との間の対立《コンフリクト》に直面しているということである。それゆえ、私は、完全な統一がありうる、すなわち、社会的文脈と個人的文脈との間の完全な一致の感覚がありうるという観点を拒否する。人間の社会的な態度、たとえば政治上の態度は、彼の個人的な観点とのある程度の妥協を、つねに反映しなければならない。あらゆる瞬間において、われわれのとる価値は、妥協の産物でなければならない。というのは、他人が違った価値を持つからであり、そしていかなる社会的行動も、なんらかの共同の要素、とくに協定《アグリーメント》の要素なしには不可能だからである。

社会の要求と言えば、恐るべきあまりにも重い負担であるかのように響く。しかし、もとより社会的なルールの背後にはつねに他の個人がいるわけであって、そのあり方はつねに明瞭でないにしても、われわれが社会的な要求を受け入れるということの意味はまさにその点にある。たとえば法律の尊重は、人間の自由度に対する制限として見るときには、悪いもののように見える。しかしながら、法律が結局は他の個人の自由度を守るものであることを想い起こせば、事態はその姿を変えるのである。ただしここで登場する他人とはしばしば抽象である。彼等は知人ではなく、具体的な人ではない。それにもかかわらず、その抽象の背後に存在するはずの個人の意味が、つねに認識されなければならない。

社会的な要求は、形式を整えたルールや権威によって表明されるかもしれないし、あるいは内面化された良心の要求によって表明されるかもしれない。全体として見るならば、これらの要求は、すべての人間についての効率性を高めるために必要な妥協であると思われる。いかなるときにもこれらの社会的要求は、個人にとっては、束縛と感じられがちである。そして不幸なことに、それに加えてさらにいくつかの問題がある。社会的な協定が、すべての人、あるいは多くの人によって求められたにもかかわらず、望まれる価値の達成にとって結局障害となってしまうということは、時として確かに事実である。問題は、個人間の協定を変えることが、個人の決定を変えるよりも典型的にむずかしいというところにある。もしも自分自身のみならず、他の多くの人々をある事業にいったん結びつけてしまうと、それを変更することのむずかしさは、相当なものとなる。意識化された水準で変更を試みると、われわれは、他人の心を変えさせるための説得に関わる、あらゆる種類の形式的手続きの問題に巻き込まれる。すべてのなかで、最も変更困難であると思われるのは、意識化を免れている協定、つまりわれわれにとっては、もはやその目的の意味が失なわれてしまったような協定である。ある種の協定参加の対象とする目標は、たいへんな犠牲を含み、非常に根深い関わり合いを要求することがある。戦争、革命、あるいは宗教への参加は、出発当時とは事態が違ってしまっていてすら、取り消すことが非常にむずかしいものの典型である。予期に反して望ましくない結果が生まれてしまったということを経験が示したとしても、過去は現在を支配し続けるかもしれない。『イリアッド』の最初のほうの巻に書かれているように、アガメムノンは、ギリシャ人はトロイの包囲を解くべきではないという問題を提起する。ギリシャ人達は九年間も包囲を続けてきた。そしていかなる成果もあげえなかった。多くの勇敢な人々が死んだ。この戦争が、これらすべてに値する値打ちのない一人の女性のために起こってしまったということは、おそらくは暗黙のうちに認められているのである。もちろんアガメムノンがこのような論点を主張するのは、彼がその論点を信じているからというよりも、ギリシャ人に踏みとどまるように説得したいからである。ユリシーズは、ギリシャ人達にこれらすべての論点が意味をなさないことを悟らせる。結局ほんとうに重要な論点は、彼等が自分達の参加の約束を破りつつあるということであった。したがって、彼等は立ち止まって戦わなければならない。

私の思うに、歴史のさまざまな最大の悲劇をもたらすのは、このような考え方である。言い換えれば、取り消さなければならぬと経験によって教えられるまさにその瞬間において、かつての協定をあらためて強化してしまうような、過去の目的へのコミットメントの感覚なのである。

これまで私はさまざまなことを指摘してきた。そして、それらの大部分について、うまく私自身矛盾して見せ、物事の両面を示すことに成功したと思う。そして以上のような抽象的な議論で、このことができるとすれば、なんらかの具体的な社会問題を取り上げたときに、はるかに容易にこういったことをうまく成し遂げて、物事の問題の多面性を露わにし、われわれの会うことのない他人への帰結、来たるべき時代の人々への帰結を示すことができるだろう。ところで「いまがそのときでないならば、いつがそのときなのか」。以上のような議論の関連でわれわれはどのようにして行動について語りうるのか。

合理性と予見は、まさしく遅滞と疑惑とを生み出す可能性がある。良心、他人への配慮、はるかな予期しがたいわれわれの懸念すべき帰結への、漠然とした配慮の感覚といったものも同様である。頑固な信念家達は、社会的行動でははるかに有力である。しかし、それが正しい方向を向いているか否かは、また別な問題である。「決断の生き生きした色合が、思索の青い色におおわれてしまう」〔ハムレット〕。ここには簡単な答えはない。そして、私はなんらかの答えを与えようとしているものでもない。歴史の上では、われわれが、可能な帰結についての無知を十分に知りつつも、ただひたすらに行動しなければならないときもあるだろう。しかしわれわれの合理性を十分に保持するためには、確実性なしに行動することの重荷を支えなければならない。そしてわれわれは、過去の誤ちを認め、方向を変更する可能性をつねに開いておかなければならない。

第二章　組織と情報

前の章で私は、組織とは、価格システムがうまく働かないような状況の下で集団的行動の利点を実現するための手段であるという見方をとった。

私がここで試みようとするのは、組織についての形式的定義ではない。そのような定義はおそらく不可能であろう。むしろ組織という概念は、実はシステムにおける要素語《プリミティヴ・ターム》であり、その意味内容を明らかにするのは、システムについての仮定と、仮定から演繹される帰結である。「組織」という言葉は、前章での議論で注意しておいたように、十分広く解釈すべきである。公式《フォーマル》組織、すなわち企業、労働組合、大学、政府などが、組織のすべてではない。倫理的な規則や市場システムそれ自体も、組織として解釈することができる。市場システムは、まさしくコミュニケーションと共同的意思決定のための高度な手段を備えている。市場という例が明らかにするように、組織への参加者は個人であるかもしれないが、それ自体組織であるかもしれない。さらに言えば個人が、典型的には、数多くの組織に所属するということに注目することも大切である。

組織の目的とは、多くの（事実上はすべての）決定が、実際に成果をあげるためには多数の個人の参加を必要とするという事実を十分に生かそうとするところにある。とくに既に注意しておいたように、組織とは価格システムがうまく働かない状況のもとで、集団的行動の利点を実現する手段なのである。

ここで私は、組織というものの理解のためには絶対に不可欠なものとして、価格システムのもつある一定の欠陥を強調しておきたい。私が指摘しておきたいのは、不確実性の存在である。ところで、価格システムを用いて、ある面では不確実性に対処できるような工夫が、純理論的には考えられている。このような純理論的接近はすべての人にとってなじみ深いものではないかもしれないので、ここでそれをスケッチしておくのも悪くあるまい。

不確実性の意味は、われわれが、正しいと完全に信じることのできる完結した世界叙述を持っていないということにほかならない。その代わりに、われわれは世界を、ある範囲に属する状態のなかの、あれかこれかという形で考えるのである。世界についてのこれらの可能な状態の一つ一つをとれば、おのおのがすべての当面の目的にとっては完結した形で叙述されている。われわれの言う不確実性とは、これらの状態のうちのどれが現実のものとなるかを知らないというところにある。生産の条件、あるいは消費の条件などについてもこのような不確実性が存在するかもしれない。それらの条件が知られていれば、人々の交換の要求にそれなりの影響があるだろう。したがって、財貨の一定量を売ったり買ったりするという契約の代わりに、条件付きの契約、あるいは専門用語を使えば、「不確定的財貨《コンティンジェント・コモディティ》」についての契約を結ぶことが、望ましいということになる。つまりそういった契約とは、一つ一つの単位の契約が、もしもある特定の状態が起こったならばある財の一単位を供給する、といったような形をとる。世界のとりうるおのおのの可能な状態において需要と供給の条件は完全に明記されているから、不確定的契約といえどもその実行を約束することは可能である。なんとなれば、供給者としても、その契約の予想している状況が現に起こったときに可能なはずの、まさに正確にその量を供給するという提案をする必要があるからである。これらの契約に対しても価格をつけることが可能である。かくて、不確実性がない場合の競争経済の標準理論を、不確実性のもとでの競争均衡の理論を与えるために、再解釈することができる。普通の意味の財貨が不確定的財貨によって置き換えられる。

以上の説明からわかるように、このような理論的図式は現実の世界にもある程度対応している。保険契約がその一例であり、コスト・プラス契約という必要悪もその例である。もっと重要な例としては、普通株の株式市場が危険《リスク》をうまく拡散させることに役立っている。しかし、明らかに、条件付契約が現に可能であるような不確定的事態の範囲は、理論が理想として要求するものに比べて、はるかに狭い。望ましい経済的危険の負担が禁じられている例としては、事業の失敗に対して保険をかけられないということがあげられる。もっと細かい問題について言うと、企業内の複雑な生産過程の相互調整も、ある程度は、不確実性の問題である。たとえば、企業の内部生産過程のどこかで、偶然に遅延が起こるかもしれない。原則的には、的な調整のための価格システムを、頭で考えることはできるだろう。他の部門に対して、部品を供給しているような部門を考える。そして、製品の遅延の平均的な長さに応じて価格を変えるようにして、その部品を売ることにする。売る側の部門は、遅延を減らそうとするはっきりした誘因を持つことになるだろう。しかし買う側にとっての危険がうまい形で配分されるためには、遅延をつくり出すような偶発的な事情に対して、保険をかけるシステムが存在しなければならない。そうでなければ、買う側の部門はその運営の考え方を変えて、不確実性を極小化するように行動しなければならないだろう。そのような変更は、全体としての産出水準を低めることになるだろう。だが、そのような価格と保険の組み合わせは、あまりにも複雑であって、実際には具体化できないだろうということを見てとることは、困難ではない。

理論的に望ましいはずの不確定的財貨の価格がうまく機能しないことには、一つならず理由がある。一つの理由は疑いもなく、価格のあり方がまさに複雑になってしまうことである。保険証書は、厖大な数の不確定的事態を明記しなければならないし、一般的に言えば、その不確定的事態の可能なおのおのの場合について、保険支払いは違った額にならなければならないだろう。そのような契約を明記するということは、たいへんにコストのかかることであり、またそのような契約を理解するということ自体も、等しくコストがかかることになるだろう。裁判所は長い経験に基づいて、複雑な契約についての平均的個人の理解能力をあまり信頼していない。一つの例は、いわゆる免責条項の取り扱い方である。たとえば輸送会社が貨物を発送するときには、契約のなかに、輸送途上での破壊や損失に対して、責任を問われないという条項がしばしば含まれている。定式化して言えば、このことは、単に危険負担についての無差別曲線の決定とみなすことができるだろう。この無差別曲線が決まってしまうと、完全競争市場においては、たとえば保険を通じて、危険の再移転が可能になるだろう。しかし裁判所は一貫して、そのような条項の発動を拒否して、輸送会社になんらかの形で責任をとらせるという態度をとってきた。裁判所の側の議論は、平均的な送り主は輸送会社にくらべて小規模であり、彼等に問題の危険を正当に評価することを期待するのは、行き過ぎであるというところにある。

価格システムによる危険負担の配分には限界があるということについては、もう一つ重大な理由がある。本当の危険《リスク》と、単に最適な行動をとりえなかったこととの間の区別をつけることがむずかしいということである。保険を研究している人達は、このような難点を「道徳的陥穽《モラル・ハザード》」と呼んでいる。たとえばある家が火事になったとしよう。出火するということは、外的な条件もさることながら、それと一種の個人的選択とが結びつく点に原因があるのかもしれない。不注意ということもあるし、極端な場合には放火ということもある。かくて、火災保険をかけるということは、個人が自分の行動をなにがしか変える誘因をつくり出すのであって、コントロールできない事件に対して純粋な保険をかけるということではもはやないのである。

ロイ・ラドナーは、問題を一般的な観点のなかで位置づけて、不確定的契約の結ばれる可能性については、情報が決定的な役割を果たすということに注目している。簡単に危険負担の配分の純粋理論を私なりにスケッチしてみれば、そこには暗黙に次のような仮定が含まれている。すなわち、すべての個人が、契約が最終的に発効するときの、つまり保険支払いが行なわれるときの事態の本当の姿についての知識をもっているという仮定である。正確に言えば、実は、すべての個人が、その内容のいかんを問わず、同じ情報を持っているということで、十分である。この点を説明するために、保険関係の研究で「逆選択《アドバース・セレクション》」と言われている問題を考えてみよう。たとえば生命保険のような場合、保険をかける側は、保険会社よりも、自分自身についての危険《リスク》をよりよく知っているかもしれない。保険会社としては平均的な保険計算に基づいて、料率を決定することから出発するであろう。しかしそのとき、危険の大きい人達は平均以上に保険をたくさん買うだろうが、危険の小さいグループが保険を買う量は少ないだろう。かくて保険料金でウェートづけをした、保険会社側の経営内容は、保険計算上の状態よりも不利になってしまうだろう。したがって、保険料率は引き上げられなければならないが、しかしそうなると、危険の小さいグループはいよいよ保険をかけなくなってしまうだろう。そのような場合には明らかに、危険について十分保険で守られていないような人が、たくさん出てきてしまうという事態が起こる。それは、それらの人々についての危険が本当はどの程度の小ささかということが知られないままになっているからである。本質的な原因は、契約に関する両当事者間の情報の不平等というところにある。

経済主体間の、情報の不平等のもう一つの例は、患者と医者の間の関係である。この例によらず、本人と代理人との間の関係の本質に根ざして、世界に関する情報には格差が生じる。しかしこのことは、代理人が仕事を適切に果たさないということに対する保険契約は、実際にはありえないということを意味している。私自身医療の経済学についての研究論文で主張したことがあるが、職業倫理は、この点での価格システムの失敗によってつくり出されるギャップを、なんらかの形で埋める制度として理解することができるだろう。

かくて、個々の経済主体の情報構造は、市場を通じての危険負担の配分の可能性を強く条件づけるという結論が導かれる。ここで、情報構造という言葉によって私が意味するのは、単に任意の時点において現存している知識の状態だけでなく、将来において必要な情報を獲得する可能性をも意味している。コミュニケーション理論の用語を使えば、後者は「情報チャネル」の獲得と呼ばれ、そして受け取られた情報は、世界の他の部分からの「シグナル」と呼ばれている。

価格システムを使って不確実性を配分し、危険に対して保険をかけるというやり方の可能性は、現存する情報チャネルの構造によって制限を受ける。別な言い方をすれば、非市場的な意思決定の価値、すなわち、全体としての市場よりも狭い範囲に及ぶにすぎない組織というものをあえてつくり出すことの望ましさは、ある程度までは、情報の流れのネットワークの特性によって決まるのである。

しかし情報チャネルが存在するか否かは、経済システムにとって、外的にあらかじめ与えられているわけではない。チャネルはつくり出すことができるし、また棄てることもできる。チャネルの容量や、それらを通じて移転されるシグナルのタイプは、便益《ベネフィット》と費用《コスト》の比較に基づく選択によって定まる。したがって私はここで、このような情報の特性の検討、そして、とくに情報チャネルの便益とコストに関する一般的な検討に進みたい。情報の処理者としての組織については次の章でもっと詳しく議論するつもりである。

おのおのの個別経済主体は出発点において、自然の環境、あるいは社会の環境から、ある種のシグナルを受ける能力をもつと仮定しよう。しかしながらこの能力には限りがある。そして情報処理能力の稀少性は、個人の行動、そして組織の行動の両者を理解する上での本質的な論点にほかならない。個人はまた、その出発点において、彼自身にせよあるいは他の誰にもせよ、現在あるいは将来受ける可能性のあるシグナルの範囲についての一組の期待を、そして異なったさまざまなシグナルを受ける確率についての一組の期待を持っているとする。専門的な用語を使えば、個人は可能なシグナルの空間における事前的な確率分布を持っているという形で出発するのである。シグナルという概念は広く解釈されなければならない。ある種のシグナルは、個人に彼の意思決定の結果を教えるかもしれないし、ある種のシグナルは、意思決定の基礎として使われるかもしれない。ときに、それは単に行動すべきからずという暗黙の決定の基礎となるのかもしれない。かくてシグナルとは、個人の確率分布を変更させる力のある任意の事件である。より専門的な用語を使えば、一般的に言って、あるシグナルの観察という条件の下でのシグナルの事後分布は、事前分布とは異なる。このような確率分布の変化こそ、まさしく情報獲得の内容を構成する。

このような情報の定義は質的であって、この本の目的からすれば、そのような質的な定義が一貫してとられることになるだろう。情報理論に登場する量的な定義は、おそらくは経済分析にとっては限られた価値しか持たないだろう。その理由はマルシャックが指摘している通りである。すなわち、情報理論の観点からすれば等量であるような情報の各単位《ビット》は、普通は非常に異なった便益《ベネフィット》またはコストを持つだろう。かくてAとBを、世界に関する任意の二つの命題としよう。そのいずれについても事前には真であるか偽であるか知られていないとする。かくてAが真であるというシグナルは、Bが真であるという命題と、シャノンの意味においては正確に等量の情報を伝達する。しかし、Aが真であるか否かを知ることの価値は、Bの真偽値を知ることの価値よりもはるかに大きいかもしれない。あるいはAの真偽値を確かめるために必要な資源は、Bに比べてはるかに大きいかもしれないのである。この二つのいずれの例においても、二つの可能なシグナルが情報理論的な意味において等量であるということの裏に、経済的観点からみた場合には巨大な違いが隠されていることになる。

個人が初めに持っていた情報チャネルの数は、新しいチャネルがつくり出されることによって増えていくかもしれない。新しいチャネルの選択は、それらのもたらす便益《ベネフィット》とコストに依存して定まるだろう。情報一般の便益について、体系的に言えることはわずかである。ここであえて主要な論点として指摘することができるのは、情報の「使用」からは収益逓増の傾向が生まれるという周知の命題である。たとえば一組の技術的な情報があって、どんな規模の生産にも使うことができるものとすると、周知の法則によって、それは生産規模の大きい企業にある程度の独占力を与えることになる。

さて、われわれはここで情報のコストの問題を取り上げよう。すなわち、情報チャネルの設置と運用のために必要な投入物《インプット》の問題に関心を向けたい。第一に、そして最も重要なこととして、個人自身が投入物である。もしも、ここで量的な比較がいささかでも意味をなすとすれば、個人こそ、彼自身の持っている情報チャネルのいずれにとっても、最大の投入物にほかならない。直接的な意味でもあるいはまた究極的な意味でも、情報は感覚器官を通じて頭脳に入らなければならないが、頭脳と感覚の容量はともに限られている。情報はファイルに蓄積できるかもしれない。

しかし、それは、意思決定の際の使用のために、ふたたび検索されなければならない。心理学の分野では、人間の感覚受容能力の限界について、たくさんの研究が行なわれており、また情報処理者としての限界についての研究も若干はなされている。私はここで、情報処理についての技術係数には、普通の生産活動の場合より以上に固定性があるという議論をするつもりはない。個人の心を他の要素によって、とくに計算機によって代替することは可能だからである。しかし情報を獲得し使用する個人の能力が非常に限られているということは、情報処理における固定要素となる。かくて他の情報関係の資源が増加するときには一種の収穫逓減の現象を予想することができるだろう。組織理論の専門家たちが「統制の範囲」という題目のもとで久しく注目してきたのは、この種の限界の問題であった。

情報コストの第二の中核的な特徴は、それらの一部が資本コストだということである。もう少し詳しく言えば、それらのコストは不可逆的投資の代表的な例である。私はここで、電話回線といったようなコミュニケーションの物的な側面に重点を置こうとしているのではない。事実、それらの物的な側面がコストの点で無視できないものであって、具体的で明瞭な枠組みを与えていることは否定できない。しかし、むしろ私がここで念頭においているのは、さまざまなシグナルを区別できるためには、時間や努力を十分に投資しておく必要があるということである。外国語の学習は、私の念頭にあることのわかりやすい例である。フランス語で、シグナルを受ける能力をもつようになるためには、この種の初期投資が必要とされる。この例以外にも、メッセージを受けるために学ばなければならない符号化様式《コード》の例は実際少なくない。科学の専門用語の体系も、まさにその例である。ここでの議論の要点は、他の人々が、厖大な数の可能な符号化様式のうちの一つを使うことが経済的だと考えている以上、どの個人にとっても、その符号化様式を身につけるための初期投資をすることが必要だというところにある。

　しかしながら、符号化様式が慎重に考案されたようなものではない場合でさえも、理解のための初期的な試みが必要である。科学のいかなる分野においても、経験科学者は、自然のシグナルを読むために予備的な観察をしなければならない（あるいは他の人から学ばなければならない。このこともまた投資を含んでいる）。似たようなことであるが、E・H・ゴンブリッチが強調したように、ある特定の芸術の流派の理解、そして実は芸術家自身による流派自体の理解もまた、ある程度それに慣れるということに依存している。かくて、次のような一種のサイクルが見られる傾向がある。すなわち、芸術的なビジョンの上での革新がまず発生し、そしてそれが普及する。次いで、人々がそれに慣れていくにつれて、同様なシグナルを繰り返すことの価値が減少していく。そしてついに新しいシグナル、すなわち、この新たな伝統からの出発を理解する能力が増大してくる。

情報のもつ資本としての側面については、次のような形で定式化を試みることができるだろう。これまで聞いたこともないシグナルは、それだけでは役に立たない。それはいかなる確率分布をも変更させない。しかしながら、予備的な標本実験によって、新しいシグナルとなじみの深い旧いシグナルとの間の関係が決定され、あるいは少なくとも評価されるならば、そのことは、新しいタイプのシグナルの発展を価値あるものとすることを助けるだろう。このような、いわば代行的とも言える実験（教育や専門的読書はその例である）は一つの投資行為である。

いったんこのような投資が行なわれると、それは個人の心のなかにしまい込まれて、必然的に不可逆的となる。もちろんそれを他人に伝達することはできるが、しかし、その個人がそれを持ち続けることに変わりはなく、その投資をその個人から引き離すことはできない。ただし、大部分の不可逆的な投資と同じように、それは減価する。

最近二〇年の間、不可逆的な投資についての理論的な研究は発展をとげており、その文献も少なくない。将来の資本財需要が着実に成長するような場合には、不可逆性が重要性を持たないことは明らかである。しかし波動がある場合、とくに不規則な波動がある場合には、不可逆性が重要性を持つようになる。ところでその本性に基づいて、情報チャネルの価値は不確実である。かくてわれわれは不確実性下での在庫需要に似た経済的問題に直面することになる。ここで、いくつかの一般化の可能性に挑戦してみよう。一つの可能な一般的命題は、情報投資の需要は、情報の価値がより不確実であった場合にはより少ないだろうということである。第二のそして私の推量するところでは最も重要な一般的命題は、最終的な均衡を決定する上では、いわば歴史上の偶然的な事件が、より大きな役割を果たすだろうということである。すなわち、いったん投資がなされ、情報チャネルが獲得されると、さらに新しいチャネルに投資するよりも、現在のチャネルを使い続けるほうが安くつくことになるだろう。その理由としてはとくにすでに触れたような、投入物としての個人の稀少性のために、新しいチャネルの使用が古いチャネルの生産を減退させるということがあげられる。かくて、一定方向の情報収集に最初に関わり合ってしまうと、それを逆転させることはむずかしくなるだろう。仮に、たとえ二つの可能なチャネルの間の相違の期待値が比較的小さいものであったとしても、そして結果としてえられる情報が、最初の選択が間違っていたということを示唆するものであったとしても、それ以降において決定を逆転させることは、割に合わないものになるだろう。

情報コストの第三の基本的特徴は、それらのコストがさまざまな方向において、けっして均一ではないということである。ある与えられた瞬間における個人は、各種の能力とすでに蓄積された情報の、いわば束である。彼は、これらの能力や知識との関連において、ある種の情報チャネルの開設は他のものに比べてコストがかからないということを、容易に発見するだろう。かくて、未知の領域への探検者は、新しい領域の中でも、自分がすでに探査し終ったところに近い領域へと足を踏み入れるのがより容易であるということを発見するだろう。地理的な近接性は、一つの特殊な場合にすぎない。化合物の化学的分析を行なうに際しても、すでに研究されたものに近いものに手をつける方がコストが少ないのである。学習の一般化は、ある種の方向へは、自然にそして少ないコストで進めることができるが、しかしそれ以外の方向に向かうとなれば、はるかに困難は大きくなる。ある地点でショックを与えられたネズミは、ある距離をおいて近づかないようになるということによって、一種の学習の一般化を行なっているのだが、そのような退避反応は、距離がひろがるにつれて減退するのである。

　他の人とコミュニケーションする場合でも、共通の接近方法をもつ人、文字通りの意味、あるいは比喩的な意味において共通の言語を持つ人の方がやり易い。さきに触れたように、一定の符号化様式《コード》を学習するということは一つの資本蓄積であるが、そのためにはチャネルの両端において、それに参加する人が必要となるだろう。コアの理論として知られている経済分析によると、ある産業における共謀の合意《コルーシヴ・アグリーメント》は普通は安定的ではない。なんとなれば、参加者の観点からして、より好ましいような生産者ないし消費者を取り込むようなそれ以外の配分協定がつねに存在するからである。しかし、かつてアダム・スミスが示唆したように、もしも同じ産業に属する人々がおそらくは経験が共通であるという理由によって、自分達の間でのコミュニケーションが容易であることを発見するとすれば、同一商品の生産者間での共謀の合意を作り出すため必要な情報交換のコストが、その共謀を妨げるような《ブロッキング・》別の提携《コアリション》を作り上げるために必要なコストよりも、はるかに小さくなる可能性は十分にあるだろう。かくて共謀の合意は、実は安定であるかもしれない（階級利害、あるいは階級意識という概念は、同様な生活体験を持っている個人の間でのコミュニケーションの容易さに関係するのかもしれない）。

また、コミュニケーション・チャネルのコスト比較は、情報収集以外の個人活動によっても、影響を受けるだろう。生産活動とある種の情報との間には、一種の補完関係がある。個人はある一定の仕事をしているうちにある種の観察を余儀なくされるだろう。これらの観察は、ある種の環境下ではこの生産活動に関する知識を変化させるようなシグナルにほかならない。これがいわゆる実行による学習《ラーニング・バイ・ドゥーイング》である。他の種類の環境の下では、それらの観察が、一見まったく迂遠な他の意思決定領域において役立つような情報を生み出すことがある。いわゆる幸運な発見として知られている現象である。われわれすべてが知っているように、西部開拓の北西ルートを求めていた探検者達が発見したものは、当初の目標とはまるで別のものであった。

要約すれば、稀少資源の利用という一般的な意味における情報のコストは、(a)彼自身が稀少な投入物であるために、ある意味で各個人にとって逓増的であり、(b)巨大な不可逆的資本としての要素を含み、そして(c)さまざまな方向において不均一である。

次の章において、私はもう少し立ち入って、組織のなかでの情報チャネルの役割について議論し、それによって、いまこの章で展開したコストに関する命題を例示しそして敷衍したい。そして組織における意思決定のプロセスと成果についての含意を一般的な形で検討してみたいと思う。

第三章

組織の行動計画

古典的な極大化理論に含まれている暗黙の仮定は、なんらかの関連のあるすべての変数の値が、あらゆる瞬間において考慮されつつあるということである。かくてすべての変数が組織の行動計画《アジェンダ》を構成する。すなわち、それらの変数の値がつねに選択されていなければならない。他方、日常の観察や組織論の研究で常識化しているように、実は潜在的な意思決定変数を変数として認知するように取り計らうことは、その変数について値を選ぶことよりも、はるかにむずかしいであろう。たとえば連邦政府が行動計画とみなすべきものも、すみやかに変化してきた。連邦政府が、いわば需要あるいは供給の変化に対応して、すなわち、世界における新しい問題の発生、あるいはそれらを解決するための新しい技術の発生に対応して、つねに新しい行動計画を用意しているとは主張しがたい。たとえば失業保険は、アイデアとしては古いものであり、その必要は単に大不況のときに生じたわけではない。しかしそのときに、失業保険はまさしく突然、行動計画ではないものから、行動計画の一つへと変化したのである。同様な例は、あらゆる種類の組織について発見できる。企業による技術革新は多くの場合、単に他の企業に先がけて、行動計画のなかに一つの項目を登場させるという問題にすぎないのである。さらにわれわれは、ある種の項目が今まさに行動計画に登場しつつあるのを目にすることができる。連邦政府の例をとれば、変動為替レートの可能性は少なくとも水平線上に姿を現わしつつある。

他方、ある項目を行動計画に登場させるということ自体すでに、明らかに現実的な価値をもつ。一九四六年の雇用法は、完全雇用がついに連邦政府の行動計画に登場したことの表明以上のものではなかった。そして多くの人々が、雇用法はまさに実体のない勝利であるという感じをもった。しかし、事態を見抜いていたのは、雇用法に非常に激しく反対していた人達であった。雇用法で生じた責任を具体化するという過程は確かに遅々として進まなかったが、長期的にはこのような認知そのものが決定的だったのである。ある項目がいったん行動計画に登場してしまうと、いやしくも可能である限りにおいて、その項目をなんらかの形で合理的に処理しないことの方がむずかしくなる。そしてなんらかの検討に基づく限り、ほとんどいかなる解決も、無視よりは勝っているであろう。ここで急いでつけ加えておけば、このような一般化にはもちろん例外がある。そもそも満足すべき解決がないような問題も確かに存在している。そのような項目を行動計画に乗せると、解決への要求が生まれてくるが、その解決は必然的に不満足なものになってしまう。かくて「無視の《サルタリー・》利益《ネグレクト》」の原則にもそれなりの根拠がある。しかし全体として言えば、この種の例外が現実化する可能性は少ない。不満足な解決とは、よりよい解決をつくり出すために必要な情報収集を刺戟するために必要なものなのかもしれない。他方、無視はけっして生産的ではありえない。

　私は以下の議論で、行動計画を決定する諸要因について、いくつかの考え方をスケッチしてみたいと思う。この種の問題は、すでに個人についても存在するから、しばらくの間は、個人についての分析をまず行ないたい。しかし後に示唆するように、組織の特性や目的は、行動計画の決定について、個人のそれにつけ加えるべきいくつかの含意を伴なうのである。なかでもとくに、組織は新しい項目を導入するにあたって、機敏でないということが重大である。

以下に示されるのは、厳格に言えば、理論でもなく、モデルでもない。それは単に、そのようなモデルをつくるに際して登場するであろうところの、あるいは登場すべきところの各種の考慮事項である。以下で提起される概念を単にモデルとして定式化することには大きな困難はないと思われるが、しかし強い結論を生み出すように、それらをうまく分析的に取り扱うことは、まさしく非常にむずかしいかもしれない。しかしこの段階では、問題を幅広く取り上げて、分析上の問題に関心を払わないほうが、より適切であるように思われる。ここでの私の基本的な観点は最適化モデルのそれであるが、しかしそれを不確実性と情報チャネルという幅広い枠組みの中で考えることにしよう。すべての場合に、意思決定は受け取られた情報の関数である。かくて情報が不変のままにとどまれば、決定は行なわれない。あるいは、ややより正確な言い方をすれば、ある種の変数の値を変化すべきでないという暗黙の決定が行なわれたのである。次いで、情報の獲得ということが分析されなければならない。なんとなれば、それ自体が意思決定の結果だからである。

もとより、このような議論にとって基本となるのは、情報が稀少である、あるいはコストがかかるということである。ここではコストのかからない情報はすべてすでに獲得されていると仮定することができるだろう。後に議論するように、いかなる個人あるいは組織をとっても、異なった情報は異なったコストを持つという事実があり、そこから組織行動についての数多くの含意が生まれる。

以下で示されるテーマは、情報チャネルとその使用に伴なう不確実性、不可分割性、資本集約性の組み合わせより成る。そしてそこから導かれるのは、(a)組織の現実の構造や行動は、偶然的事件、言いかえれば、歴史に大きく依存するかもしれないということであり、(b)効率性のみの追求は、いっそうの変化に対する柔軟性と感応性の欠如につながるかもしれないということである。

意思決定は、必然的に情報の関数である。かくて、ある一群の意思決定に必要な情報を集めないという決定が下されれば、それら一群の決定は行動計画ならざるものとなる。

最後の文章は、そのなかで「決定が下される」とか、「意思決定」とかいう言葉を使っているとともに、まさしく、二種類の決定を区別する必要があるということを明らかにしている。一つは具体的な意味における行動の決定であり、もう一つは、情報を集めるという決定である。この区別は、統計的な決定理論では非常になじみ深いものであって、これら二つのものは、ライファとシュライファーが彼等の標準的な著書で使っている言葉を使えば、それぞれ「最終決定《ターミナル・アクト》」、および「実験《エクスペリメント》」と名付けられる。原型となるような例をあげると、受入れ調査《アクセプタンス・サンプリング》として知られているものがそれである。企業、あるいは政府が、ある財を大量に購入しつつあるとしよう。その財の品質は一個毎に違うかもしれない。典型的な手続きは、一ロットの財が到着すると、サンプルをとって、そのなかの一個一個をテストし、サンプルでの結果に基づいて全ロットを受け入れたり、あるいは捨てたりするというやり方である。サンプリングとテストとが、ここでいう意味での実験を構成し、受け入れるべきか捨てるべきかという決定が最終決定である。テストのコストがかなり高ければ、平均していって、ロットのなかのすべてのものをとってテストするよりも、サンプルをテストするほうが、はるかに安上がりである。実験と最終決定との両者は、いずれも資源利用に関係を持っている。実験は、それがコストがかかるから、資源利用に関係を持つのであり、最終決定は、それが利益をもたらすか否かはとにかく、一つの決定であるから意味を持つのである。実験は、直接には利益を生み出さないが、しかしより多くの情報を提供することによって、最終決定を改善するという手段的な価値を持っている。

これら二段階の資源配分に与える影響が足し算可能であれば、実験と最終決定との区別は厳格に維持できる。しかし、この足し算可能性が必ずしも成立しないとしても、その考え方の示唆するところは大きい。

ここで、組織にとって、さまざまの異なった意思決定領域があると仮定しよう。それぞれの意思決定領域のなかでは、可能な一群の実験が考えられ、可能な一群の最終決定が考えられるとする。さらにこれらの意思決定領域が十分に互いに独立であって、さまざまの異なった領域における最終決定の価値は、多少とも足し算可能であると考えよう。これらの意思決定領域は「活動中《アクティヴ》」「監視中《モニタード》」「非活動中《パッシヴ》」の三つに分けられるであろう。活動中の領域とは、実験が行なわれ、それからシグナルが受け取られ、最終決定がシグナルの関数として選択されているような領域である。監視中の領域とは、ある種の実験が行なわれつつあって、そこから受け取られたシグナルは、最終決定をとるには不十分な情報しかもたらしていないが、しかし適切なシグナルが受け取られれば、最終決定を行動計画に乗せるだけの情報がえられるように、さらにいっそうの実験を行なうことが最善であるような領域である。最後に非活動中の領域がある。そこではいかなる実験も行なわれてはいない。それゆえ実験も、あるいは最終決定もまた、行動計画には乗せられていない。

意思決定領域をこれら三つのタイプに分けるについて決定的なのは、言うまでもなく、便益《ベネフィット》と費用《コスト》の比較であろう。便益の予測について、一般的に言えることは少ないが、前の章で述べたような情報コストの分類が、ある種の説明力を持つかもしれない。一つの例として、証券の組み合わせ《ポートフォリオ》を選択しつつある個人投資家を考えてみよう。証券の第一群としては、その個人が活発に投資しつつあるようなものがあるだろう。彼は、それらにすでに投資をしているかもしれないし、あるいは投資すべきか否かという決定をつねに念頭に置きつつ、注意深くそれらの証券を見守っているかもしれない。投資家としては市場価格に注意し、企業の活動についてのレポートを受け取ったりしているであろう。第二には、投資家が、いわば横目で注意しているような一群の証券があるだろう。彼はときどき価格を検討し、第一群の証券と比較して言えば、大まかな注意を払うという程度で情報を眺めている。なにか興味ある動きが起こったり、あるいは新しい他の情報が現われたりすると、彼は自分の注意を強めて、活動中のグループにその証券を繰り込むかもしれない。最後に、投資家は第一群と第二群以外の大多数の証券には、なんらの注意をも払わないだろう。

情報コストの分析は、証券をこれらの三つのグループのどれかに分類するについて、ある種の体系的な理由があるということを示唆してくれる。以前に投資の経験があったり、あるいは現に生産のうえでの関係があったりするという理由で、ある特定の企業あるいは産業になじみが深ければ、ある種の証券についての情報は他のものよりも安く手に入るであろう。投資家はシグナルをよりよく理解することを可能にするような背景を持っていることになる。情報が資本としての強い一面を持っているということの意味内容は、投資家が証券のリストを選んでしまうと、彼はそれらの証券のグループから離れようとはしないだろうということに他ならない。なんとなれば、同じ証券について情報を追加して集めるということが、他の証券について新しく情報を集めて、意味のある分析を開始するよりもはるかに安上がりだからである。

投資家が、それらについての情報の獲得が他の活動にとっても補完的に役立つという意味で安上がりであるような証券を監視《モニター》しているということはありそうである。たとえば証券分析のための背景という意味で、投資家はそもそも他の証券にも関心を持っているし、それらについてのある種の情報を集めているかもしれない。これらの他の証券の角度からいえば、このプロセスは金のかからない監視行動に他ならない。証券会社の専門的な情報サービス、株式仲買人のサービスなどは、投資家に、詳細な情報を供給すると同時に、浅くはあっても幅の広い情報をも与えているだろう。景気や経営の状態について、一般的なニュースが読まれるのは、そもそも投資家がそれらに興味を抱いているからであろう。したがって実際にはそこで改めてコストがかかっていないことになる。かくてそれらの一般的なニュースもまた、ある一定量の監視行動を構成するであろう。最後の例としては、取引関係に基づく社会的な付き合いもまた、それだけで情報源を構成するかもしれない。多くの証拠の示すところによれば、個人を通じての影響はより信頼できるとみなされている。つまりそれらの個人的情報は、主観的に測定されるかぎり、一定コストでより多くの情報を与えるという意味を持つのである。それゆえに、このような社会的なつながりの監視行動としての意味も大きい。

かくて、個人の行動計画はどのように変化することが期待されるか、言いかえるならば、意思決定領域が、ある形から他の形へといかにして変化させられるのかが問題となる。監視プロセスは、これらの意思決定変化の過程の一部分をつねによく説明する。実際、多少とも観察され、多少とも念頭に置かれているような潜在的意思決定領域は数多く存在するものである。監視行動の古典的な例は、産業における品質管理である。製品の品質はサンプルによってテストされる。その結果が満足なものであるかぎり、何事も行なわれない。しかし、品質の悪化が起こると、その原因のより徹底的な検討が行なわれ、最終的には機械が修繕されたり、置き換えられたりする可能性もある。しかし、行動計画の変化は、可能な事態の予測の結果として起こるとはかぎらない。一つの可能性は、最終決定の価値についての判断が激しく変化するという事態である。とくに、従来の決定が検討不十分であって、その価値が実はあまりにも低いと判断されるようになったために、機会利益《オポチュニティ・ベネフィット》が、すなわち、決定変更によって機会を十分生かすときに獲得できるはずの利益の潜在的増大が生じるかもしれない。日常の用語でいえば、「危機《クライシス》」である。ウィリアム・ジェームズの言葉を借りれば、「強制力のある事実《コアーシヴ・ファクト》」は、変化から生ずべき可能な利益についてのいかなる予測よりもはるかに説得的である。タイタニック号の沈没は、まさしく氷山パトロールを生み出した。

　疑いもなく、決定のもたらすべき成果の変化は、現実のものというよりもむしろ観念のうえの変化であるかもしれない。現在の生態学的な関心は現実の問題よりもはるかに速やかに増大してきた（このことは生態学的な関心が重要でないということを意味しない。それらはまさしく重要である）。時として起こるのは、シグナルのコストが、多くの理由のどれか一つによって低下するということである。これは単に閾値効果であると言ってもよいかもしれない。ある点を越えると、たとえば汚染の影響、あるいはわれわれの証券の組み合わせの内容の低下といったものが、観察や実験への投資を事実のうえで伴なわなくても明白になったりする。ある場合には、だれか他人が彼等なりの理由で、安くシグナルを供給するということがあるかもしれない。これらの人々はあらゆる種類の改革者、あるいはアジテーターである。もちろん彼等の仕事も、価値やコストの構造がちょうど問題をはらんでいる時に意味を持つにすぎない。しかし、松明はすでに用意されていたとしても、だれかによって火をつけられなければならない。

行動計画が変化するもう一つの原因としては、これまでわれわれは暫定的に一つの足し算可能性に基づくモデルを考えてきたけれども、意思決定領域の分割と情報チャネルとの関係は実はそこで想定したほど簡単なものではないということがあげられる。たとえば、まったく異なった政策的結論をもたらすようなシグナルが、発生起源において密接に絡み合うかもしれないし、したがって同じ情報チャネルを通じて受け取られるかもしれない。あるいはある目的のための実験が、ほんのわずかなコストをつけ加えることによって、まったく違った最終決定にとって、適切な付加的情報を生み出すこともありうる。興味のある典型的な例としては、たまたま機会をとらえて行なわれる部品交換がある。たとえばミサイルの複雑なメカニズムの場合、ある一部品の機能の低下が起こっていそうだということで、検査が行なわれているときに、たまたま他の部品まで調べて取り換えてしまうのがずっと経済的である。

さて、われわれはここで個人を含めた一般論を離れて組織の行動計画を決定する諸要因に目を向けよう。すでに指摘したように、組織の機能的な役割は、個人の行動を結合することによって、はるかに優越した生産性を上げることができるという事実を利用する点にかかっている。企業の内部経済を議論する場合には、ここで最終決定と呼んできたものに関連して、このような論点がなじみの深い議論になっている。しかし、実験に関しても、すなわち情報チャネルに関しても、この議論が等しく、あるいはより多くの正当性をもってあてはまるのである。

組織はいかなる一人の個人よりも、より多くの情報を獲得することができる。なんとなれば、組織はおのおののメンバーに異なった実験を行なわせることができるからである。かくて、個人の能力の限界は克服される。しかし、つねにあることだが、それには代償が伴なう。事実、これに関連する問題点は言い古されたU形コスト・カーヴの議論のある種の場合に取り上げられてきた。情報が組織にとってなんらかの形で役立つためには、相互に調整され、関連させられなければならない。より形式的な言い方をすれば、コミュニケーション・チャネルが組織のなかに作り出されなければならない。

さて、組織のメンバーによって受け取られたすべての情報が他のすべてのメンバーに伝えられたとすると、あるいは一つの本部に集中されたとしてさえも、情報の処理コストの点では、なんのプラスも起こらないであろう。企業内部で情報チャネルをつけ加えなければならないから、実は損失が起こるであろう。組織における情報の経済は、実は受け取られた情報の多くが役立たないから起こるのである。組織の元来の活動範囲における最終決定は、その判定のために世界の状態についての全確率分布を必要とはしない。単にそこから導かれる、ある種の周辺分布の評価を要求するにすぎない。かくて、一般的に言うならば、組織の各メンバーによって受け取られた情報は、最終決定選択のための価値を失なうことなしに、再伝達のためにはるかに小さな容量に変形させることができる。充足統計量の理論は価値を失なうことなしに、情報の量を縮約することができるということの一例である。この場合、充足統計量を正当化する理由は、いかなる最終決定にせよその価値は、基本にある分布のパラメーターにのみ依存するのであって、サンプルの観測値には依存しないというところにある。かくて、パラメーターに関してサンプルの持っている情報を汲み尽しているようなサンプルの関数の値を伝達すれば、十分なのである。

情報処理に関する組織の効用を説明するのは、このような再伝達における縮約である。そして情報がコストを要することから一般的にいえば、内部における伝達を単に無駄な部分を切り捨てる以上にいっそう縮小させることが明らかに最適である。

すなわち、組織内部におけるコミュニケーション・チャネルにおいて節約効果を作り出すならば、最終決定の選択に関する若干の価値の損失があってもひき合うことになる。しかし組織内部におけるコミュニケーション構造の最適な選択は、巨大な困難さを持った問題である。必ずしもつねに明示されているわけではないが、社会主義の経済学についての大論争の基本にあるのはこの問題であり、マルシャックとラドナーのチームの理論はある種の方向においてこの問題の検討を深めてきた。

一般的に言えば、関連のある情報のすべてを伝達しないほうがかえって最適である。したがって個々のメンバーは、現在の状況では伝達に値するとは判断できない情報を蓄積することになるだろう。のちになって、この情報が補完的な他の情報を受け取ることによって、価値を持つようになるということは可能である。かくてそのような情報が使われることになるか否かということは、数多くの要因に依存する。それらの要因のなかには、記憶あるいはファイル、あるいはそれに引き続く情報の検索《リトリーバル》などによって、時間を超えて伝達することのコストが含まれる。かくて組織に属するさまざまの異なったメンバーが、相互には伝達されなかった異なった実験を行なっているために、新しいシグナルを異なったやり方で解釈するだろうという可能性が生まれる。自らを取り巻く外的な環境が大きく変わったような組織が情報上の効率性を失なうことについての興味ある結論が、そこからえられるように思われる。

　組織内部のコミュニケーション・チャネルは設計可能であるから、その構造はコスト最小という観点から選択することができる。とくにチャネルの効率性は、符号化様式《コード》の適切な選択によって増大させることができる。ここで言う符号化様式とは、文字通りの意味にとってもよいし、比喩的な意味にとってもよい。それは形式的なルールに明示されるか否かを問わず、情報を伝えるためのあらゆる既知の手段をあらわすものと理解してよい。情報理論からすでに知られているように、最適の符号化様式は、可能なシグナルの事前分布に依存するとともに、異なった形で符号化されたシグナル間の相互交信のコストにも依存するであろう。

　符号化様式の役割は二つの経済的な意味を持っている。㈠それは作業の規模とともにコストが増大するような傾向を弱めはするが、その傾向を除去はできない。㈡

それは組織による本来の意味での不可逆的な資本上の関わり合いを作り出す。第一の点に関していえば、われわれが見てきたように、規模の拡大から生じる組織としての利益は、そのメンバーに異なった実験をさせる、つまり専門化させるということから導かれる。このことは、われわれが個人にとっての情報の経済学に関する前章の議論で見てきたように、各メンバーが、おのおの専門とする領域において、つまり互いに他のところについては無知であるような領域において学習し（資本を獲得し）、異なった型の情報処理技術を蓄積しつつあるということを意味する。その結果として、メンバーの間のコミュニケーションは（専門の学者達が身にしみてわかっているように）より困難になり、彼等の相互コミュニケーションにおいて用いられる符号化様式が、いっそう複雑にならなければならない。かくて、符号化様式が個々人のより多くの情報源を有効なやり方で集めることを可能にする一方、作業の規模が拡大することによって、ついにはコストが増加するのである。

第二の点についていえば、われわれがすでに議論したように、ある個人が符号化様式を学ぶということは、彼にとっては不可逆的な投資行動である。それゆえ、組織にとっても、それは不可逆的な資本蓄積である。したがって、組織はいったん作られてしまうと、それぞれ異なった存在となってしまう。なんとなれば、符号化様式の変更コストは、予期されざる陳腐化にほかならないからである。

ベッカーなどが強調したように、人間資本の蓄積の相当の部分は、企業の要求にとくに適合するような訓練からなる。つまり、他の企業にとってでなく、まさしくその企業にとってメンバーの価値を増加せしめるような、従業員への情報の投入からなるのである。労働の機能は、資本財と生産面において協働することにあるが、その資本財がさまざまな企業によって広く保有されているとすると、すべての訓練が事実上どこでも役立つように見える。しかし、情報チャネルをある企業のなかで学ぶということ、そしてそれらを通じて情報を伝達する符号化様式を学ぶということは、まさしくその組織内部においてのみ価値を持つ技能である。

企業の理論においてしばしばなされるように、ここで次のような質問を発することができるであろう。なぜすべての企業が同一の符号化様式を持ち、したがって符号化様式の訓練が移転可能なものとならないのか。第一点として、この種の組み合わせに基づく状況のもとでは、最適な符号化様式が数多く存在するという事態がしばしば起こるかもしれない。それらのすべての符号化様式は等しく有効ではあるが、しかし、ある企業のなかで役立つためには、まさしくある一定の符号化様式を知っているということが重要である。このような事態は、たとえばシェリングによって非常に強調されてきたコーディネーションのゲームによく似ている。二人の人が旅行の途中ではお互いに通信を交わすことができないが、どこかで顔を合わせることに価値があるような場合、会う場所については予め意見が合っていなければならない。会う場所がどこであるかということはあまり問題ではないかもしれないが、ある会合場所を学習した人間は、他の会合場所を選んだ企業にとって、あまり役に立つ存在ではない。

第二の点として、歴史が問題になる。符号化様式は、企業が作られた時点における最善の期待に合致するように定められている。符号化様式は企業の、あるいはもっと一般的にいえば組織の資本の一部であるから、すでに議論したように、ある所与の組織の符号化様式は時間の経過とともに、ゆっくりとしか変更されないであろう。かくて、違った時点で出発した組織のさまざまの符号化様式は、それらが仮に競争関係にある企業だとしても、一般的にはさまざまであろう。さらにまさしく、同一時点で企業を創始した個人達にしても、そもそも異なった事前分布を持っていることが十分にありうるだろうし、したがって異なった符号化様式を持っていることがありうるのである。

組織のなかで相互に理解可能な符号化様式を持つという要求が、企業に参加する人々の行動のうえに、一様性の要請を課することになる。彼等構成員は、その符号化様式によって伝達可能な情報に専門化するわけであって、したがってすでに示しておいたプロセスにしたがって、彼等は彼等の専門とする活動の方向に向けてより多く学習し、その符号化様式に容易に適合しないような情報を獲得したり伝達することについては、効率が低下するということになる。かくて、組織自体がそのメンバーの行動を形造る働きをする。

このようなプロセスが、組織の行動にとって興味ある帰結をもたらすことは十分にありうるだろう。組織の持つ符号化様式は、その組織の目指す第一次的な機能によって、もっとも強く規制されると想定することができる。しかし、組織は一般にいって数多くの機能を持つ。ある種の機能は第一次的な機能に比較すれば副次的ではあるが、しかし、その組織のいわば厚生《ウェルフェア》にとっては重要であるかもしれない。あるいは、その機能の遂行が第一次的機能を補完的に助けるように思われるという理由で、ある種の第二次的な機能を組織につけ加えるのが望ましいと考えてよいこともある。しかし、第一次的な機能に適切な符号化様式は、補助的なあるいは第二次的な機能にとっては不適切であるかもしれない。そうであるとすれば、組織の機能はうまく働かないかもしれない。バートン・クラインは未公表の論文のなかで、次のような例を示している。「軍隊の第一次的機能は人間と物質の巨大な集まりを、予め決められた時間表にしたがうという条件の下で調整《コーディネイト》することにある。そして現代においては軍事兵器に関する研究開発は、重要な補助的なサービスである」。クラインはさらに次のように議論する。「しかしそのような研究開発は、物事を軍事的な言葉で考える人々によって、したがって予想が確かな将来時点における成果のコーディネーションを期待するような人々によって行なわれる傾向がある」。事実においては、いうまでもなく研究開発はかなりの程度の不確実性を持つ情報収集の重要な例であって、その成果は明らかに予測不可能である。その結果として予め厳格に定められた時間表は、サマーズが示しているとおり劇的な形で守られないことになる。かくて究極的な費用は、不確実性が当初から考慮に入れられていた場合の水準よりはるかに高くなってしまう。クラインが推薦する解決は、まさしく軍事的な研究開発を軍人のコントロールから引き離して、それとは独立のシビリアンの機関の手に委ねることである。

現存する組織に新たに機能を加えることのむずかしさを示す例としては、現存する会計担当部局あるいは予算担当部局に経営管理機能をつけ加えようとする傾向をあげることができる。科学的な意思決定の量的な基礎は、古典的な会計計算の仕事と非常に重なり合うから、二つの機能を合体させることによって節約効果が達成できるという主張は、きわめて魅力的である。しかし、実際においては、二つの目的はかなり異なり、それゆえに符号化様式、つまり世界を見る仕方もまた異なっている。会計専門家の目的には、不正がないことを確かめるということが含まれているから、彼等は経営科学にとっては不必要なある種のデータにおける正確さの度合に興味を持ちはするが、他の種類の大まかな資料には興味を持たないのである。予算の管理もまた多くの点において科学的な経営管理とは異なっており、ある種の公共行政の研究者達は、従来の予算担当部局の機能に経営管理機能をつけ加えるという最近のやり方に非常に批判的である。

このような機能間の相互通信の困難さのゆえに、公共部門、私的部門の両者において、両立不可能な機能をそれぞれ新しい組織にいわば分封する傾向が生まれてきた。スティーグラーが指摘しつつ示唆するように、巨大企業の成長に伴なって、着実な垂直的分化の方向が見られる。市場の力は、補助的なサービスにおける専門化を利益の多いものにしている。同様に政府においても、フランクリン・D・ルーズベルトは、ある種の論理に従えば現存する部局の範囲に属するにもかかわらず、新しい仕事は新しい部局に割り当てる必要があるということを最初に見てとった革新家だったように思われる。

さてここで、組織の行動計画の決定というこの章の本来の目的に返ろう。基本的にいえば、組織の行動計画における変化の可能な原因は、個人のそれと同じである。あるシグナルが監視中の領域において受信され、それに基づいて、その領域は活動中領域に変更する価値があると判断されるかもしれない。最終決定の与える価値が、変化するかもしれないし、あるいは急激に変化することが感知されるかもしれない。あるいは最初ある目的のために使われていた情報チャネルが、これまでは非活動中であった領域において行動をとるべきだという含みを持つような信号を発するかもしれない。さて組織の特有性とは、その行動計画を変化させる基盤を変化させるところにある。ここまでで議論し終った組織についての論議は、そのような組織特有のコストが大きくなるだろうという方向に向けられてきた。多くの点において、変化のコストは、まさしく個人よりも組織にとってより大きくなるであろう。より正確にいえば、組織は監視《モニター》するという点でより多くの能力を持ってはいるが、非活動中《パッシヴ》という姿勢から監視中《モニタード》、あるいは活動中《アクティヴ》という役割に切り換える能力には乏しいのである。

しかし組織には個人にはその例を見ない一つの効果が発見できる。組織とは典型的には、変化する個人から成っている。いかなる個人も典型的には、数多くのコミュニケーション・チャネルに近づきうるのであって、かくて、ある特定の組織はそのうちの一つにすぎない。とくに教育とはそのようなチャネルの一つである。かくて組織はその組織にとっては無料であるような相当量の情報を獲得できるという利点を持っている。組織の符号化様式が、そのような情報の企業体内部における伝達を費用のかかるものとするかもしれないとしても、仮にそのような無料の情報が十分あったとすれば、組織の行動は変化するであろう。とくに、新しい項目が組織の行動計画に登場するであろう。もしもわれわれが教育を主要な新情報源と考えるならば、組織は、そのもっとも若い、もっとも新しいメンバーによって情報をえることになる。かくて、われわれは世代間交代によって、組織の行動計画における変化が引き起こされるという可能性を持つことになる。もっと一般的にいえば、組織設計における主要な要請は、大きな行動計画を取り扱う能力を増加させることである。情報とその処理が個人資本の蓄積にほかならないかぎりにおいて、パレートが「エリートの循環」と呼んだところのものがまさに必要とされる。つまり意思決定者の交代である。さらに一般的にいえば、必要とされるのは「情報と意思決定ルールの循環」である。長期的に見れば、可能な活動の範囲の拡大が、短期的な効率性よりも、あるいはさまざまの代替案からなる狭い範囲内での柔軟性よりさえも、重要であるかもしれない。これらのことこそ、公的なそして私的な組織の設計において、かつまた社会的な課題を達成するに際して公的組織か私的組織かを選択する場合において、考慮されるべき問題点にほかならない。

第四章　権威と責任

一　目標の対立

組織にはさまざまの共通な性質があるが、なかでも権威《オーソリティ》による配分というやり方が広く行なわれている点に特徴がある。事実上普遍的と言ってよい現象であるが、いかなる規模の組織においても、ある個人によって行なわれた決定が、他の個人によって実行されるのである。権威が正当性を与えられている領域はそれぞれ限定されているかもしれないし、あるレベルにおける命令の受け手が、彼自身権威を与えられているような自分の領域を持っているかもしれない。しかし、これらの限定の範囲内で、命令のやりとりは、ある人をして、ある他の人になにをなすべきかを教えさせるのであって、このような命令のやりとりこそ、組織の機能するメカニズムの基本部分である。

命令のやりとりは人格的《パーソナル》な権威と名付けてよいであろう。さらにまた、非人格的《インパーソナル》な権威と呼んでもよいような、もう一つの配分方法がある。すなわち、各種各様の可能な状況のもとで、組織のおのおののメンバーがなにをなすべきかを予め指定するところの行動様式《コード》を通じて行なわれるやり方である。法律という名の符号化様式《コード》は、非人格的権威の顕著な例である。人格的権威はあらゆる場所で通用するという性格のものではないから、非人格的権威による符号化様式の確立は不可欠である。非人格的な権威が人格的な権威にとって代わったり、あるいはそれを補完したりすることはありうるであろう。非人格的な権威には、結果の予想がつきやすいという利益とともに、柔軟性が失なわれるという不利益もある。

以下の議論で私は主として、人格的権威について論じることになるであろう。ただし、そこで行なわれる議論の多くは非人格的権威の問題にも等しくあてはまると思われる。権威の役割は組織によってさまざまである。軍事的な組織は極端な例であって、そこでは権威があらゆる面にゆきわたり、そして不可欠である。国家もまた、とくに警察や法律による規制という点では、それに属する市民に対して権威的な行動をとるものの例である。国家と企業とはともに、被雇用者に対して、やや限定された形のものではあるが権威による管理を行なう。たしかに、ハーバート・サイモンが強調したように、雇用契約とは、正確にいえば、被雇用者の側において権威を受け入れるという契約にほかならない。したがって、それは物を買う契約とは異質である。そこで売られたり買われたりするものは、はっきりした客観的な物ではなくて、むしろ人格的《パーソナル》な関係である。このような契約の範囲のなかでは、雇用者と被雇用者との間の関係はもはや市場的な関係ではなくて、権威的な関係である。もちろん、この種の権威の範囲は、通常、契約の条項によって限定されているであろう。そしてより根本的にいえば、それは被雇用者の離職の自由によって制限されている。しかし、標準的にいえば、このような離職の自由を実行に移すにはあるコストがかかるから、この種の権威の範囲は、けっしてささやかなものではない。

われわれの社会を構成するさまざまの大組織のなかでおそらくは最も権威の力が弱いのは、知的専門職《プロフェッション》の組織である。そこでは社会的な圧力によって課せられる倫理の慣例と行動の基準が、人格的権威というより明瞭な形にとって代わる傾向があり、あるいはさらに、明確に符号化された非人格的権威のそれにさえもとって代わる傾向がある。知的専門職の組織は、そのメンバーに対して例外的にのみ発動される限定された力を持つにすぎず、そしてその力は、たとえば、弁護士資格の剝奪の場合のように単に国家からの協力をえたときにのみ有効であるにとどまる。しかしながら、この種の組織も、入会を規制する力をもっているかもしれないし、事実しばしばそのような力を発揮する。大学は、教育機能と専門職上の利害との奇妙な混合物を含む形に発展してきた。しかも、教育機能という側面では、権威は伝統的には認められてきたものの、いまや疑問にさらされている。かくて、大学が、権威をその内部でいかに役割づけるかについて、特殊な困難に直面しつつあるということは、おそらく驚くにあたらないであろう。

条件が安定していれば、権威の役割は、他の持続しつつある社会制度のそれと同様に、当然のものとして認められ、疑問が生じることは少なくなる。疑いもなく、すべての承認された権威は、ある程度までは、宗教的信仰という最高の権威からの移転物である。マルク・ブロックが示しているように、中世的君主は神聖な性格を持っているし、そして『タルムード』〔ユダヤの律法〕や『バガヴァッド・ギーター』〔古代インドの叙事詩〕などのような、さまざまな宗教的な原典は、権威の役割について宗教的な承認をつけ加えている。歎く人もいるし喜ぶ人もいるが、現在の世界においては権威の衰退が、一つの発展傾向になっている。その背景の一部は、このような宗教的信仰の衰退、あるいはマシュー・アーノルドがドーバーの海辺で一世紀前にすでに見てとることができた「信仰の引潮」であるのかもしれない。しかし、おそらくは宗教的権威と世俗的権威は同じ根から発生するものであって、互いに並行関係にあるといってよいであろう。いわば信仰における権威の構造は地上におけるそれの鏡であって、そしてそれを支えもするのである。神はユダヤ・キリスト教的宗教用語においては王《キング》である。ただしこの比喩は民主的な時代にいたって、いささか力を失なってはいるが。

権威が、あるいは少なくとも特定の種類の権威が疑念を持たれるようになった時代においては、権威の源泉と必要とを再検討しようという傾向が強くなっていく。

ミネルヴァのフクロウは暗がりに飛ぶのではなくて、嵐のなかに飛ぶのである。かくて、権威とは人間社会が機能するためには必要であり、あるいは少なくともそのために有用であるという議論がなされる。ホッブズのいう「万人の万人に対する戦い」が恐るべき対立的可能性として提起されることになる。権威の所在が神聖な個人から、非人格的な原理に移っていくこともあるだろう。イギリスやアメリカにおける一七世紀や一八世紀の革命がその例である。あるいは非人間的な原理からカリスマ的な指導者に移っていくこともあるだろう。二〇世紀におけるファシスト運動がその例である。しかし、どちらの場合にも、権威の必要が感じとられ、社会的意識のレベルにまで高まったのである。

しかし、まさしくそのような混乱の時期に、権威の方向に反対する傾向もまた露わとなる。このような権威への挑戦はまた、権威の重要性の再主張を引き起こすかもしれない。一方の極端では、権威のヒステリックな称賛を引き起こし、自己矛盾的な、無政府的な傾向の他の極端では、権威の完全な否定、あるいは軽蔑を生むかもしれない。しかし、中庸をえた反応は「責任」が必要だという主張である。言い換えれば、権威がその機能的な役割を果たすとともに、下位者による修正にも応ずるようなシステムが必要だという主張である。結局のところ、権威はしばしば誤りを犯すであろう。抑制の必要性、あるいは権力の行使を一定範囲に止めるということの必要性は明瞭に感じられる。明らかに、アングロ・アメリカ的な伝統には、権威の座にある人々に対する警戒心が滲透しており、ここ数年の間、不信感はつねにも増してさらに著しい。事実、人格的と非人格的とのいずれについても、政治的権威にある種の規制を加える方法が作り出されてきた。選挙、不信任投票、権威の分立（司法権と行政権との分立、連邦権と州や地方公共体の権威との分立）、さらに限定的な司法的規制など、いずれも通常はその形態において積極的であるよりも、むしろ消極的である。そしてさらに、もとよりのこと、市民的不服従、あるいは暴力革命のような昔ながらのやり方もある。

これらのさまざまな工夫にもかかわらず、政治的権威が責任を示す度合についての不満は、依然として広く存在している。政府は人情がない《インパーソナル》、そして平均的な個人からはるかに離れた迂遠な存在であるという感じが広まっている。民主主義的な理想がもしも達成されるとすれば、選挙民こそ権威である。しかし、選挙民は実際のところ、他のいかなるものとも同様に、不十分であり、無責任である可能性は大きい。事実において、選挙は責任を果たす手段としては内在的な欠陥を持っている。その本来の性格のために、選挙は無数の特定の争点について論点を仕分けることができない。そして、むしろ一種の平均で決定を行なう。それに加えて、平均的な投票者にとっての情報コストをしかるべき範囲内にとどめるためには、考慮さるべき代案の数が、必然的にははなはだしく限定されざるをえないが、その一事をもってしても、選挙の過程は必然的に簡略化されざるをえない。一九六八年の大統領候補者の選択〔ニクソン対ハンフリー〕はアメリカが直面する広汎な争点に実は十分に対応するものではなかった。一九六四年の選挙〔ジョンソン対ゴールドウォーター〕および一九七二年の選挙〔ニクソン対マクガバン〕は、疑いもなく「反響《エコー》ではなく選択《チョイス》」を提供しはしたが、当時われわれに開かれていた、まさに多元的な可能性の複合体については、それを暗示する以上のものではほとんどありえなかったように思われる。

しかしながら、権威に対して責任を課するという要求が最も強いのは、教会や大学や企業などの政府外の組織に対してである。企業の社会的責任についての人々の態度は変化を示してきたが、そのような変遷は、実証的分析、規範的姿勢、および背景に横たわる制度構造自体のそれぞれの変化の組み合わせであって興味深い。五〇年ほど前に、企業が株主に対して持つ名目的な責任は相当程度虚構であるということが広く認められるようになった。この見方がようやく標準的な正統理論となったちょうどそのときに、そこから導かれる経営行動上の結論が、事実の側面でテーク・オーバー・ビッドやコングロマリットの発生によって反証されてしまった。つまり、このような事実の展開は、株式市場という価格システムの派生的な形態が経営権のもつ公式的権威を上廻ったことを例証している。かくて株主に対する責任の問題は、いまや企業の他のメンバー、つまり従業員や顧客に対する責任という、よりラディカルな要求によってとって代わられることになった。労働組合が、苦情委員会や就労規則などによって企業内の権威構造をある程度まで作り変えてしまってから今やすでに久しい。左翼的批評家たちの大部分は労働に直接携ったことはほとんどないのだが、しかし彼等の多くは、このような過程の進行がいまだ十分ではない、そして仕事の条件や労働作業における権威関係の性質自体が、人格的なそして社会的なゆがみを作り出していると感じている。さらに最近では、消費者側からの規制に対して、製品の質ないしは製品が他のものに与える影響などについての企業内的責任に対して、それ以上の関心が払われるようになってきている。

しかし、責任を厳しくすべきだと主張するこれらすべての要求も、厳しい抵抗にあっている。権威を現に保持する人々が自分の行動の自由を制限されることに対して抵抗するのは、おそらくあまりにも当然である。しかし、変化に対する抵抗は、権力の座にある人々に限られるわけではない。権威を行使される側でも、多くの人人が現状維持を支持して強い声を上げている。大学の教授陣やカソリックの神父達の間でも、大学総長あるいは法王の権威を侵害することに対しては、強い抵抗が存在し、驚くほどわずかな賛成しかみられない。権威が必要だという感情は、実は広く拡がっている。われわれの時代のさまざまな問題を、権威の低下という原因に基づくものとして診断することは、なにも保守的なアメリカ中部においてばかりでなく、知識人の間においても一般化している。権威に対してよりいっそうの責任を追及するような施策は、つねに権威の役割の低下にほかならないと感じられている。たとえば次のような例を考えてみよう。アメリカの大部分のコミュニティでは、警察を監視するための市民委員会を作ることには反対する形の投票結果が出ている。この点でフィラデルフィアは例外であったが、しかし、警察関係者であった人が市長に選挙されるにおよんで、むしろそれ以前の投票の結果が逸脱現象であったということが示された。われわれはまた、警察の逮捕行動を監視し規制するという裁判所の決定に対して、否定的な見解が一般化していることを目にしている。そのような見解をはっきりと述べたのがニクソン大統領であった。

この章の残りの部分で私は、大きな組織において、権威の持つべき責任が増大する可能性がありうるかどうかをさらに追求してみたい。見たところ、五つの主要な論点がありそうである。すなわち、組織にとっての権威の価値、権威が認められるための条件、責任の価値、責任が果たされるための条件、そしてこれらの四つの考慮を含めた観点のもとでの権威と責任の間のしかるべき代替関係《トレード・オフ》を達成しうる可能性、これらの五つである。

二　権威の価値

権威に価値があるという議論をするのは簡単であり、そして耳新しいものではない。政府という特定の場合に関連して、その種の議論を古典的なしかし極端な形で述べているのがホッブズである。権威が存在しないと、「万人の万人に対する戦い」が起こり、その結果として、「人々の生は貧しく、汚らわしく、獣のようで、そして短い」。このようなホッブズの議論に含まれている中核的な真理は、はるかに控え目な形をとるにせよ、もっと一般的にすべての組織にあてはまる。すなわち、権威が必要とされるのは、組織のメンバーの活動を調整するためである。

もっと専門的なそして十分な形の言い換えをすることが役立つであろう。ホッブズの議論を一般化すると、二つの要素がそこで前提されることになる。すなわち、第一点は、協力による生産がすぐれて生産的であるとともに複雑だということであり、そして第二点は、情報交換のコストである。この点をさらにくわしく言うならば、次のような一連の、四つの命題が導かれる。

命題一、個人の行為は相互作用をおよぼし合う。ときには代替的に、ときには補完的に作用をおよぼし、そしてしばしば限られた資源を求めて競争する。かくて個人の活動を選択するにあたって、協力に基づく決定は、ばらばらの決定よりもすぐれたものになるであろう。

命題二、協力に基づく決定の最適の形は、社会に属する個人間に分散している情報に依存している。

命題三、情報の伝達は資源を使うという意味において、とくに個々人の時間を使うという意味において、コストがかかる。したがって、情報の一つ一つのすべてをすべての一人一人の人に分け与えるよりも、いったんは中心部に伝達するのが、コストがかからないし、より効率的である。

命題四、同じ効率性という理由によって、中心部に位置する個人、あるいは当局としては、決定に用いられるべきすべての情報を人々に再伝達するよりも、集団的な決定を下して、その決定の結果を伝達するほうがコストとして安くなるであろう。

かくて権威とは意思決定の集権化であって、情報の伝達と処理についてのコストを節約することに役立つのである。

権威の価値がもっとも純粋にあらわれる例は軍隊である。そしてもちろん多くの面において、軍隊は事実最初の組織であって、その後国家に成長する。広く分散した情報と、迅速な決定の必要という条件が与えられている以上、戦術的なレベルでは権威による統制が成功のために不可欠である。

より身近な例は交通規制である。ここでも権威による統制の効率がすぐれていることは明らかである。しかしここではもう一つの要素が入ってくる。交通信号や交通標識のような非人格的な統制は、人格的権威よりもより効率的である。とくに交通に関して権威を裁量的に行使しているような個々の警察官が、他の職務においてきわめて価値のある成果をあげられるような場合に、非人格的統制の効率性はいよいよ高い。

権威に対立する逆の極端な代案は、合意《コンセンサス》である（もちろんわれわれがここで言っているのは、価格システムが存続しえないような場合、あるいは少なくとも価格システムをして、その理想的な最善の状態で機能せしめるはずの条件が満たされていないような場合である。われわれは、調整の必要があるような組織の存在そのものを、価格システムが現実に不可能であり、あるいは少なくとも非効率であるという証拠と考えることができるだろう）。私が理解するかぎり、合意とは、個々人の利害を集計するところの、無理のないそして受け入れられた手段を意味する。よく知られているように、いかなる形にせよ合意メカニズムには、深刻な逆説が内在している。たとえば満場一致が達成されない場合での多数決ルールはその一例である。しかしこれらの問題については、私は別の機会にすでに分析を行なった。

どのような場合に、合意は十分に権威にとって代わりうるであろうか。メンバーがすべて同一の利害を持ちしかも同一の情報を持っているような組織は、自然の合意がそのまま効率的であるような組織であろう。おのおののメンバーは自分自身の利害に従うことによって、誤りなく最善の決定を感じとるであろう。そして利害が共通であるから、彼等は決定についてすべて同意するであろう。互いに顔を合わせあうようなグループでは、情報をコストをかけることなしに交換することが可能であって、したがって情報の共通性を達成することができるであろう。そしてそのグループが十分圧倒的に共通な目的を持っているとすれば、利害の共通性もまた妥当な仮定となるであろう。

利害あるいは情報のいずれかが組織のメンバーの間で異なっているときには、合意を達成するためのコストが上昇する。それゆえに組織の意思決定のあり方としての合意の価値は、権威のそれに比較して下落する。ここでは単にその点について二、三の指摘をつけ加えるに止めたい。情報がすべての人にとって同一で、しかし利害が異なる場合は、もちろん社会的対立《コンフリクト》の古典的な例であって、その解決は交渉《バーゲニング》によって行なわれる。しかし、ゲームの理論の、ゆたかな理論的展開を含む厖大な関連文献にもかかわらず、われわれはこの問題の十分な理解からはほど遠い。交渉の過程それ自体が非常にコストのかかるものでありうるということは、もちろん明らかである。とくに、次々に行なわれる提案や脅迫の舞台が、その都度再契約が可能な単なる理論的遊戯の世界ではなくて、経済的な破滅や、戦争での人命の野蛮な破壊などの起こりうる現実の世界であるとき、そのことはとくに明らかである。

基本的な利害は一致するがしかし情報は相違するような場合における合意の達成は、利害が相違する場合とある種の相似性を持っている。利害が相違する場合とちょうど同様に、この場合でも社会的な決定のために公表される選好のあり方は、人々の間で異なるであろう。しかしながら、事態がやや異なるのは、おのおのの個人が、他の人間も基礎となる情報が異なってはいるものの、共通の利害に基づいて行動しようとしていることを知っている点にある。仮に情報がコストをかけることなしに交換できるならば、合意を達成するのになんの問題もないであろう。それゆえ、意思決定を下すための制度を設計するに際しての目標は、可能なかぎり最大限に情報を流れ易くするということであろう。前の章で見てきたように、このことは、情報の価値のできるだけ多くを保存しながら、その量を縮約するということを含む。

情報の量の縮約が、コミュニケーション・チャネルの数の減少によって達成されるというそのかぎりにおいて、われわれは再び権威がすぐれて効率的であるという論点に立ち返ることになる。

三　権威の達成

ここで私は権威という概念に立ち返りたい。われわれは権威の機能がなんであるか、すなわち権威が組織のために達成する価値はいかなるものであるかを問いかけてきた。しかし、経済理論的な観点からすれば、権威の価値は、その存在や持続力を保障するものではない。必要がまさしく成果を保障するという言い方が成立するのは、円滑に機能する理想的な価格システムが存在する場合においてのみである。しかし、私が議論してきたように、組織とはまさしく価格システムが破綻する場合に、社会的機能を処理するところの手段なのである。

広く議論されているように、権威はある種の権力手段に対して統御力を持つことによって発生する。企業内部でいえば、権威の用いることのできる制裁《サンクション》手段は、基本的には雇用と馘首である。国家は刑法という制裁手段を用いている。分析のあるレベルにおいては、これは適切な答えであって、このような制裁はまさしく機能する。権威による決定が遵守される理由の一部は、遵守されない場合に加えられるはずの刑罰である。しかし私は、手近な問題においてさえも、事実そのような理解が権威への服従の十分な説明ではないと主張したい。そして、さらに重要なこととして、そのような説明は、問題を十分に掘り下げていない。私はこれらの論点を次々に取り上げていきたい。

第一に、制裁の存在は権威への服従の十分条件ではない。明らかに、もしもある程度以上の数の従業員が命令に従わなければ、そのような命令は強制できない。もう一度思い出してほしいが、私は組織が十分に孤立しており、したがって従業員の入れ替えはコストがかかるものだと仮定してきている。企業は要するにすべての従業員の首を切ることはできないのである。これがもちろん、ストライキという社会的発明の基礎となっている。同様にして、刑法もまた、それに対する不服従が十分な大きさに達すれば、強制できない。禁酒法の失敗は有名な例であるが、同様なことは現在でも麻薬、賭博、売春などについて繰り返されている。ポルノのようないくつかの例では、当局が極端な行き過ぎ以外のすべての事態に対しては、自らの無力を承認するにいたっている。他の場合にも、強制のための試みの維持は、いかにもコストが高くつくものであり、違法の活動に対して、あれこれと無原則に罰金を科するという結果に終っている。

そのような例はいくらも数えあげることができるが、要点は明瞭である。それは、権威が実際には普通行使されないということではない。要点は、統制メカニズムが、すなわち権威を強制するものとして普通考えられているような制裁手段が、権威を受け入れるにあたっての唯一の根拠ではありえないし、主要な根拠でさえもありえないということである。被雇用者は指令に従い、市民は法律に従うが、その程度は統制メカニズムを根拠として説明されうる範囲をはるかに越えている。

問題は、わずかながらより経済学的な言葉で言い換えることもできる。組織は権威の働きを容易にするための報酬と刑罰の構造を持っている。これらの構造は価格システムのいわば部内版である。しかし私がいま示唆しようとしているのは、その種の構造は、権威が現に行使されている範囲のほんの一部分だけを説明するにすぎないということである。

たしかに、もしもそうでなければ、権威の行使は持続的ではありえないであろう。統制メカニズムは結局のところコストが高い。もしも権威への服従が統制がありうるということのみに基づくものであるとすれば、統制手段のコストをそれに使われる資源で計ると、権威のもたらす利益を相殺するほどコストが高くなってしまうであろう。

警察、あるいはそれに似た制裁の強制執行者を増加させるという政策は可能であるが、そのことは、権威が究極的には制裁に基づくという仮説に対して、第二の反論を提起することになる。あるローマの詩人が質問したように、「監視者を監視するのはだれだろうか」。統制メカニズムは、それ自身が人々から構成される組織である。権威を強制するためにそれを用いると、それ自体が権威の行使となる。最も絶対的な独裁者でさえも、反対者を抹殺せよという彼の命令に秘密警察が従うことを必要としている。それは独裁者自身が自分でやれるような仕事ではない。

結局のところ、権威は、人々の期待の収束する焦点にとどまるかぎりにおいて持続しうるように思われる。ある個人が権威に従うのは、他の人々もそれに従うだろうと期待するからである。ただし、警察が強制するだろうとすべての人々が期待しているという理由のみによって、法への服従の動機を説明しようとすれば、上の議論はあまりにも自明なものになってしまう。私が言ってきたことには、それ以上のことが含まれている。交通法規、とくに交通信号が守られるのは、だれもがそれに従うシステムを持つことが明らかに価値をもつからである。すなわち、権威の機能的な役割は、つまりシステムを機能させるにあたっての権威の価値は、服従を確保するについて部分的ではあるにせよ一つの役割を果たしている。しかしこの機能的な役割は、権威が事実目に見えるものであり、他人によって尊重されていると信じられるときにのみ、影響力を行使しうるであろう。

それゆえに、権威を目に見えるものとし、それが相互調整のシンボルとして役立つということが重要であろう。このことがおそらくは、外的なシンボルが権威を取り巻いている理由である。すでに指摘したように、中世君主の神聖な性格、大統領を取り巻く宮廷的な雰囲気、判事の座る一段高い椅子や厳かなガウンなどはその例である。リア王がその狂気の目を通して明らかに見抜いたように、「地位につければ犬でも服従される」のである。

権威の源泉として期待の収束を強調すると、そのことは権威のもろさを意味することになる。たしかに、久しく確立していたはずの権威が崩壊すると、もはやなんの権威もないという認識がきわめて速やかに生じる。そのような変化は驚くべきものがある。しかし、それには拮抗する力もある。権威への服従が生じるだろうという期待は、単に権威の維持にとって価値があるばかりでなく、権威に従う人々にとっても不確実性を減少させる。権威を回復し、あるいは新しい権威を作り出そうとする圧力は実はきわめて強いのである。

四　責任の価値

私はここで権威に責任をとらせるということの機能的な価値について、つまり、組織の目標を達成するという点からみたその価値について書いておきたい。責任を伴なわない権威に反対するについては別の種類の議論もある。つまり、関係する個々の人間の尊厳や発達に対する悪影響という角度からの議論である。なんの反撃手段も持たない人に対して力をふるうような権威への従属は、自尊心を失なわせ、自発的な行為を麻痺させるという結果に導く。アクトンの有名な文章が思い起こさせるように、無責任な権威の保有者はその代価もまた支払うのである。かくて権威に課せられた責任が仮に組織上の機能に悪い影響を与えたとしても、個人にとっての価値という観点から責任を導入してよい場合があることになるだろう。しかし、ここでは私はこの本の一般的な目的に沿って、組織自体の目標という観点から責任の価値を論ずることに議論を限定したい。

機能的な観点から見るとき、責任を伴なわない権威の基本的な欠陥は、不必要な誤りの可能性が高いことである。もちろん、不確実性を含む世界では、誤りはつきものである。しかし、情報が組織内のある場所では手に入るものでありながら、権威者にはそれが手に入らないか、あるいは使われないときに、誤りは不必要なものとなる。

このような失敗が起こる理由はきわめて簡単であって、権威者の情報上および意思決定上の容量の過大負担に他ならない。ある程度の複雑さを持った組織においては、個人あるいは個々の小グループが関係ある情報のすべてを知っているということが端的にいって不可能なのである。近代的な先進国家における統計サービスの大量の供給という例にみられるように、情報の獲得に対して形式的な用意がなされていたとしても、個人からなる小グループでは必要とされる資料を消化しきれないのである。

法律あるいは行動規則といった形で登場する非人格的権威は、洪水のように流れこむ情報を利用する能力が一般にさらに低い。非人格的な規則は可能な事件の厖大な多様性に対して、十分に反応することはできない。誤解を避けるために明らかにしておきたいが、私は、よく言われるように、形式的な規則は変化する環境を考慮する力がないと言おうとしているのではない。規則は、ゲームの理論の言葉を使えば、戦略《ストラテジー》として条件付きの形で定式化できるし、またそのように定式化すべきである。すなわち、規則は次のような形をとるべきである。「事件Xが起こったならばAをやれ。事件Yが起こったならばBをやれ等々」。かくてこのような規則の形態は情報を利用する可能性を組み込んでいる。しかし、規則の形成に関して十分な柔軟性を達成するには、二つの決定的に重要な限界が存在している。

限界一、規則を書くにあたって、あらゆる可能な関連のある偶然的事象を考えに入れるということは、それに必要な努力という点で、そしてとくに情報、すなわち可能な偶然性とその結果の範囲についての情報という点で、それ自体非常にコストが高い。

限界二、まさしくその本来の性格のために、戦略あるいは条件付き規則を具体的に施行するためにも情報が必要である。この種の情報は、とくに規則自体が十分な複雑さを持っているときには、非常にコストのかかるものになるだろう。

ここから導かれるのは、自由裁量型の権威から形式的な規則に移動するという考え方は時に言われるように万能ではないということである。とくに経済政策の領域において然りである。

かくて権威が人格的なものであれ、あるいは非人格的なものであれ、それに対する批判は十分な正当性をもつことになるであろう。すなわち組織のなかの他の人々が、少なくともある種の問題については、権威の座にある人々よりすぐれた情報を持っているかもしれないのである。クロムウェルがスコットランドの当局に対して、次のように注意しようとしたことがある。「キリストの御身体にかけて、どうぞあなた方も間違いを犯すかもしれないということを考えられますように」。ところがクロムウェル自身も、他の人々が彼の誤りを正してくれるに足る知識を持っているという可能性を、認めたがらないほうであった。

情報の過大負担に原因する効率性の損失は、その際各人の先入観に従って情報が濾過されがちであるということによってさらに増大する。すでに抱いている信念と合致するような情報を理解し受け入れることは、認識上の不調和を克服するよりも容易である。真珠湾からベトナムにいたる最近の政治的、とくに軍事的な歴史を振り返ってみると、その種の憂鬱で悲惨な例によってそれは満たされている。もっと前の時代に返れば、タイタニック号が救助信号を発しはじめたときに、近くにいた船の船長は、そのようなメッセージが間違いか、あるいはいたずらに違いないと決めてしまった。タイタニック号は沈まない船だということが、よく知られていたのである。学問という意思決定のもう一つの領域に関しても、私の友人のある有名な心理学者が教えてくれたことであるが、テレパシーについての証拠は、心理学者の間ですでに承認されている多くの他の命題よりも強いそうである。しかし、学者としての地位を持ついかなる人も、テレパシーを真剣に取り上げようとはしないであろう（彼自身も真剣に取り上げようとはしていなかった）。これらの例はけっして異常ではない。情報を濾過して高い事前確率に合致するもののみを受け入れるのは、情報の量が限られた処理能力を超過した場合における合理的な反応なのである。

かくて、権威は、修正メカニズムが潜在的には存続可能である場合においても、誤りを犯しうるであろう。

私が情報の過大負担という要因を強調してきたのは、権威を責任あるものに保つということが、組織にとって価値があるという結論を導くためであった。同じような結論をもたらす第二のいささか反対の多い議論を取り上げてみよう。すなわち、絶対的かつ無責任な権威に従属せざるをえないという感覚自体が、従属者の産み出すべき成果に対して破壊的な悪影響を与えるかもしれないという議論である。このような命題は一九三〇年代にエルトン・メーヨーやその同僚達の仕事から強い支持を受けるようになった。そしてこの考え方がいわゆるヒューマン・リレーション運動のきっかけとなり、今日では一種のきまり文句となっている。しかし、メーヨーの仕事とちょうど時期を同じくして現われたエーリッヒ・フロムの『自由からの逃走』という労作は、権威に対する人間の憧れを強調するものであった。私はこのような大きな論点を詳細にわたって論じることは差し控えよう。しかしいずれの主張についても、経験的な証拠からみれば、従業員の士気と彼等の活動の成果との間に、主張されているような関係があるということを示す根拠はきわめて少ないのである。

五　責任の達成

権威がその責任を達成するということは可能であるばかりでなく、ある種の責任の要素を含まないような組織を想像すること自体が少なくとも長期的には事実困難である。第一に、あらゆる現実の組織は限られた領域を占めるにすぎない。かくて、ハーシュマンが強調したように、組織からの脱退は、おそらくはかなりのコストがかかるにせよ、つねに可能である。究極的には、メンバーの脱退のためにその組織が消滅するかもしれないという事実によって、権威に制約を課することができる。もしも組織の顧客をメンバーの一部として考えることができるとすれば、競争を権威の規制力と見る古典的な経済学的見解は、脱退の特殊な形態をとらえたものとみなすことができる。

脱退という激しい形の制裁以外にも、大部分の組織は、たとえ形式的に明示されていないにもせよ、権威の範囲に対してある種の限界を設定する手段を備えている。

命令に対する不服従は組織されたものであると否とを問わず、しばしば権威に対して限界を課する。そして他の多くの制裁と同様に、そのような不服従の恐怖が責任の内部化を構成することになるであろう。

さらに、法律的な手段が用意されていないときでさえも、権威を行使する個人を取り除くことは可能であるかもしれないし、またしばしば事実可能である。革命の可能性はつねに存在し、たとえば首脳部交替という、よりゆるやかな形態では、さまざまな組織において現に発生しうるのである。

しかし、脱退にせよ、あるいは首脳部交替にせよ、組織の意思決定のために情報の流れを増加させるメカニズムとしては、とくに適切なものではない。脱退あるいは革命という事実は、疑いもなく、なにかが欠けているという情報である。しかし、欠けているものがなんであるかはいささかも明らかでないかもしれない。そして首脳部交替とは、異なった情報源を持つ新しい権威によって古い権威を置き換えるということを意味している。しかし、新しい情報の登場について、系統的にどのような姿が最適かということを言えるなにものもない。

大部分の近代的な組織は、責任を系統的に達成する必要があるということを実は暗黙のうちには認めてきた。そしてそれを達成するための構造的な手段を具体化してきた。すべて網羅的であることを試みるわけではないが、われわれはここで責任メカニズムのある種のものをリストしてみよう。

一、活動面でのより高い権威に対する責任。たとえば部長が社長に対して持つ責任。もちろんこの種の工夫は、たかだか単に問題の所在を移転させるに止まる。

二、臨時的な権威に対する責任。企業の社長が取締役会や株主に対して持つ関係がその例である。あるいは民主的に選出された役人の選挙母体に対する責任もそれである。この項で言う責任とは、権威の選択ということを通じてのみ自らの権威を発揮するようなもう一つの権威に対する責任である。そのようなもう一つの権威は、入手不可能であったような情報を与えてくれるが、しかし、それは間欠的な形で行なわれるにすぎない。

三、限定された分野においてのみ正統性をもつ特殊な権威に対する責任。主な例は司法的な権威に対する責任である。行政府あるいは立法府は、彼等の意思決定範囲の限界とか彼等の施行手続きの適切性といったような特定の側面については司法的な権威に対して責任がある。しかしそれ以外の側面については司法的権威に対する責任はない。原則としていえば、行政府や立法府の決定の具体的内容はこの種の責任の対象にならない。

四、非権威的グループに対する責任。たとえば調査委員会とか、あるいはオンブズマンとかに対する責任である。この場合における責任とは、権威にとって入手使用可能であったような情報に関するかぎりでその決定を正当化するという責任であり、そして、非権威的な機関によって供給される、より以上の情報を受け入れるという責任である。

六　権威と責任の間の代替関係《トレード・オフ》についての考察

責任の価値と権威の価値とを調和させるためには、制度の設計という点で多くのなすべきことがある。ここではそれについて二、三の予備的な発言が可能であるにすぎない。その機能を発揮するには、責任メカニズムは誤りを修正できなければならない。しかし、それは権威の真の価値を破壊するようなものであるべきでない。責任追及の機関がある程度以上厳格で連続的な性格をもっていると、それが権威の否定に容易に結びついてしまう可能性があることは明らかである。Aのすべての決定がBによって再審査されることになると、われわれが結局直面するのは権威のAからBへの移転である。そしてそれゆえに本来の問題自体にはなんらの解決も与えられない。

権威の価値が損なわれないためには、責任のとり方が時間的に非連続な形で行なわれなければならないように思われる。この責任のとり方は周期的であってもよいであろう。それは「例外による管理」と呼ばれているような形をとってもよいであろう。すなわち、権威とその決定とは、行為成果が期待から非常にかけ離れているような場合にだけ再審査を受けるのである。あるいは、さまざまな決定や期間のなかから無作為的に標本を選んで、それを再審査しさらに検討を加えるという形をとってもよいかもしれない。疑いもなく、さまざまの目的のためにはこれらのすべての方式が必要である。効果的であるためには、これらのどれをとっても情報システムにおける補完的な変化を必要とするであろう。たとえば、決定の正当性をどのように説明するか、そして決定の事実上の成果の期待をどのように指定するかなどの点で、情報システム上の変化が必要とされるのである。

私はここでとくに次のような実験を提唱したいと思う。それは、誤りが起こったときに、それに関する具体的な非難を聴取するような再審査グループの提案である。苦情に対してそのような機構を開設するということは、権威外からの情報源の道を開くという重要な手段を作り出すことになる。私はここで、そのような再審査手続きが重要な問題についてのみ資源を配分するような形で整備されることを前提とする。再審査グループの主要な機能は、情報の創出であり、そして組織内の関係部署へのその情報の伝達である。ここで言う伝達とは有効な伝達を意味しなければならない。つまり再審査手続きにおいて創り出される情報が、権威によって有効に使われており、無視されてはいないということを、確かにする手段がなければならない。

私は再審査グループにある種の権威の要素をつけ加えることなしには、そのような有効性を確保する方法はないと見ている。

ハーバード大学における大学行政でも、このような問題が現に発生した。大学紛争の一つの結果として、教授団側と学生側との両者に対して適切な学内行動規準をもっとはっきりした形で定義する必要があるということについては、広く同意が成立した。しかしそれと同時に、理事者側の行動も、また同様に制限さるべきだという対抗的な要求も起こった。教授側の委員会が一連の決定を用意したが、それは、苦情に対して対応すること、そして決定や手続きを変えてほしいという要請を真剣に考慮することを理事者側の義務として公認するという点を含んでいた。苦情を受け付け、そしてそれらを検討するという、いささか漠然とした権限を与えられた調査委員会の設立が提案された。しかし、教授団側はこの提案を拒否したのである。その反対の理由はあまり強力なものではなかったけれども、要するに理事者側が、その権威の執行を妨げられるだろうというところにあったのである。

明らかに責任の必要についての合意は存在しないし、当然のことながら、その範囲、あるいはまたそれを達成するためのメカニズムのあり方についての合意もない。しかし、とはいえ、宗教あるいはかつての王権とかいったものからの惰性的な反映に基づいて、考えることもなしに権威を受け入れる時代は過ぎ去ったと私は信じている。市民的不服従という形が広く拡がっていることに示されるように、多数決という形で表現された一般意思を認めることでさえも難しくなってきている。いずれにせよ、多数決のルールは、企業とか大学とかいったように、メンバー間での機能的分化の要因を含んでいるような組織に対してのモデルではありえない。権威は、疑いもなく組織の目標を成功裡に達成するための必要条件である。しかしそれと同時に、権威は、制度的な構造の形に整備された再審査と公開の方式に対して責任をとらなければならないだろう。そうでなければ、思いがけぬ不服従の大波にさらされて、そのことの責任をとらなければならないことになるだろう。

参考文献

Arendt, H. 1970. *On Violence*, Part II. New York: Harcourt, Brace & World.（山田正行訳『暴力について』みすず書房、二〇〇〇年）

Arrow, K. J. 1963. *Social Choice and Individual Values*, 2nd ed. New Haven: Yale University Press.（長名寛明訳『社会的選択と個人的評価』日本経済新聞社、一九八六年）

Arrow, K. J. 1971. *Essays in the Theory of Risk-Bearing*. Chicago: Markham, and Amsterdam and London: North-Holland. Chapters 4, 5, 8, 9, and 10.

Banfield, E. C. 1958. *The Moral Basis of a Backward Society*. Glencoe, Illinois: The Free Press.

Becker, G. S. 1964. *Human Capital*. New York: National Bureau of Economic Research, 18–29.（佐野陽子訳『人的資本』東洋経済新報社、一九七六年）

Bloch, M. 1924. *Les rois thaumaturges*. Strasbourg: Librairie Istra.（井上泰男・渡邊昌美訳『王の奇跡』刀水書房、一九九八年）

Fromm, E. 1941. *Escape from Freedom*. New York and Toronto: Rinehart.（日高六郎訳『自由からの逃走』創元社、一九五一年）

Gombrich, E. M. 1960. *Art and Illusion*. New York: Pantheon. Especially Chapter IX.（瀬戸慶久

訳『芸術と幻影』岩崎美術社、一九七九年）
Hirschman, A. O. 1970. *Exit, Voice, and Loyalty*. Cambridge: Harvard University Press.（矢野修一訳『離脱・発言・忠誠』ミネルヴァ書房、二〇〇五年）
Hurwicz, L. 1960. Optimality and informational efficiency in resource allocation processes. In K. J. Arrow, Karlin, S. and Suppes, P., eds. *Mathematical Methods in the Social Sciences*, 1959. Stanford: Stanford University Press. Chapter 3.
Kaysen, C. 1949. Basing point pricing and public policy. *Quarterly Journal of Economics* 63: 289–314, especially 294–298.
Kornai, J. 1971. *Anti-Equilibrium*. Amsterdam and London: North-Holland, and New York: American Elsevier. Chapters 4, 5, 6, 18, 19, and 21.（岩城博司・岩城淳子訳『反均衡の経済学』日本経済新聞社、一九七五年）
Jorgenson, D. W., McCall, J. J. and Radner, R., 1967. *Optimal Replacement Policy*. Chicago: Rand McNally, and Amsterdam: North-Holland.
Marschak, J. 1959. Remarks on the economics of information. In *Contributions to Scientific Research in Management*. Los Angeles: Western Data Processing Center, University of California, 79–98.
Marschak, J. 1968. Economics of inquiring, communicating, deciding. *American Economic Review Papers and Proceedings* 58: 1–18.

Marschak, J., and Radner, R. 1972. *Economic Theory of Teams.* New Haven and London: Yale University Press.

Mayo, E. 1946. *The Human Problems of an Industrial Civilization*, 2nd ed. Boston: Graduate School of Business Administration.（村本栄一訳『産業文明における人間問題』日本能率協会、一九五一年）

Miller, G. A. 1956. The magical number seven, plus or minus two: some limits on our capacity for processing information. *Psychological Review* 63: 81–97.

Radner, R. 1968. Competitive equilibrium under uncertainty. *Econometrica* 36: 31–58.

Raiffa, H., and Schlaifer, R., 1961. *Applied Statistical Decision Theory.* Boston: Graduate School of Business Administration, Harvard University. Chapters 1, 4.

Schelling, T. C. 1960. *The Strategy of Conflict.* Cambridge: Harvard University Press. Chapters 2, 3, and 5.（河野勝監訳『紛争の戦略』勁草書房、二〇〇八年）

Simon, H. A. 1957. *Models of Man: Social and Rational.* New York: Wiley, and London: Chapman and Hall. Chapters 10, 11, 14, and 15.（宮沢光一監訳『人間行動のモデル』同文舘出版、一九七〇年）

Stigler, G. J. 1951. The division of labor is limited by the extent of the market. *Journal of Political Economy* 59: 185–193.

Summers, R. 1967. Cost estimates as predictors of actual costs: a statistical study of military developments. In T. A. Marschak, Glennan, T. K., Jr., and Summers, R. *Strategy for R&D*. New York: Springer. Chapter 4.

訳者あとがき

ケネス・J・アロー教授は一九七二年度ノーベル経済学賞受賞者であり、現在の理論経済学における最高峰、あるいは少なくとも最高峰の一つである。戦後の理論経済学は、J・R・ヒックスやP・A・サミュエルソンなどの戦争直前における理論的研究を出発点として、まことに華やかに発展したが、ヒックスからサミュエルソンまでの第一世代に対して、第二世代の代表者がアロー、L・ハーウィッツ、G・ドブルーなどであり、とくにアローが傑出した存在であることに異論はあるまい。第一世代は一般均衡の存在や安定について、比較的常識的な解析的手法を使って議論を試みたが、第二世代は、数学的により高度な方法の適用を次々に試みて、議論を一層精緻なものにした。一九五〇年代のスタンフォード大学は、まだ三〇代であったアローやハーウィッツを中心として、この種の精緻な経済理論分析のメッカを形成し、数多くの尖鋭な数理経済学者を育てたのである。その中には一連の日本人経済理論家も含まれており、二階堂副包、稲田献一、宇沢弘文、根岸隆などの人々がアローの下に招かれて研究し、国際的な評価をうるようになったが、それにはアローの指導と援助が与って力があったと思われる。日本の理論経済学者の半ば以上がアローの系統に属しているといっても過言ではあるまい。私がアローの研究所にいたのは、このスタンフォード大学最盛期の末期にあたっていたが、それでも過去の熱気を感じさせるものは残っていた。

この時期のアローの研究成果は、一般均衡の存在と安定に関する数多くの共同論文として既に古典的なものになっている。この時期のいわばスタンフォード風経済理論は、ある面では過度に数学的・技巧的であるとみることもできる。最近、いわゆる新古典派経済学批判という形で、この種の経済理論に対する再検討の声があることは事実である。しかしそれらの成果がいくつかの本質的に重要なものを含んでいることは否定できないし、数学的方法の精力的導入が自然科学をも含む他の諸科学と経済学の間に明瞭な学際的関係を作り出したことは明らかである。アローのもっている一つの顔は、この意味での新古典派経済理論精緻化の代表的推進者としてのものとみることができる。

＊

しかし私の考えでは、この側面はアローの唯一の顔ではない。新古典派経済学全体の代表者といえば、世俗的名声をも含めて、サミュエルソンを挙げるのが自然である。新古典派経済学が、競争的市場メカニズム分析としての経済学の科学性と自己完結性とに自信を抱く点に特徴をもっているとすれば、サミュエルソンやあるいはR・M・ソローには明らかにその種の一面的な尊大さがある。しかし他方、アローは終始、その種の平板な楽天主義に対する懐疑ないし批判の姿勢を、少なくとも潜在的には持ちつづけているように思われる。かくてアローの第二の顔は、市場メカニズムの限界、より広くいえば分権型システムの限界の指摘者としての役割である。

そもそもアローが全世界的に声望を博するようになったのは、彼の処女作『社会的選択と個人的評価』(*Social Choice and Individual Values*, 1951, 2nd ed., 1963)によってであるが、この本の基本テーマは、市場や投票などの分権的システムに内在する矛盾の指摘であった。この著作は、記号論理学の正確な演算を社会科学に導入したという点で画期的な方法論的意義をもっており、いかなる経済学者も否定できない圧倒的な専門的価値をもっていた。しかしそれと同時に、この本は、ピグー以来の価値判断論争との関連の上にありながら、それを超えた一種の思想的意義をもつものであって、政治学者や社会学者などの間にむしろより強い衝撃を与えた。今日、アローのこの仕事に関する知識は、社会科学のいかなる分野においても必須のものとされている。このようにしてアローのこの著作は、専門的精緻化をはるかに超えて、民主主義社会の存立にふれるものを含んでいた。

また、アローの仕事の中でさらに注目に値するのは、一連の「不確実性」に関する労作である。一九五〇年代から不確実性を含む問題に関する論文をしきりに発表していたアローは、六〇年代の前半に、通常の競争市場は技術革新などを含む不確実性の下では有効に資源配分機能を果たしえないという趣旨の論文を書いた。またそれとほぼ時期を同じくして、不確実性の要因をとり入れつつ医療の経済分析に先鞭をつけ、医療問題に対処するためには市場型システムは不十分であることを指摘し、医師の倫理の意味にも触れている。これらの一連の仕事は、『危険負担理論に関する論文集』(*Essays in the Theory of Risk-Bearing*, 1970) にまとめられており、市場システムの限界を指摘するという意義をもっていた。

これら以外の彼の仕事も数多い。公共投資の理論、「実行を通じての学習」(learning by doing) に基づく技術革新の理論、在庫投資の理論を含む経営科学への貢献など、いずれも独創的であり、しかも標準的な新古典派経済理論の枠組みを超える要素を含んでいる。とくに個別論文ながら注目に値するのは、「価格調整の理論をめざして」("Toward a Theory of Price Adjustment", in *The Allocation of Economic Resources*, 1959) という比較的初期の論文であって、完全競争という概念の限界が明瞭に指摘されている。そして最後に指摘できるのは、少なくとも六〇年代以降アローが一貫して、市場の理論と区別されたものとしての「組織」の理論に関心を抱きつづけているという事実である。

このようにして、アローは、新古典派型分析の精緻化の第一人者であるという側面と、その限界の早くからの指摘者であるという側面との両面をもっている。このような二面性は、たとえばサミュエルソンの一面性とは対照的であって、アローの仕事全体に注目すべきアクセントを与えている。サミュエルソンとの対比に関心をもつ読者は、サミュエルソンの全集に対するアローの書評を参照されたい（*Journal of Political Economy*, 1967）。

六〇年代の中頃に、アローはスタンフォード大学からハーバード大学に移った。ハーバード大学における彼の研究活動がどのような成果を生み出すかはまだ十分に明らかではない。この時期はまさに大学紛争の時期にあたっており、私の聞いているかぎりでは、アロー自身は新左翼と学内保守派との間にあってかなりの苦労を重ねたようにみえる。しかし他方この時期においてアローは、最近広く注目を集めている哲学者J・ロールズ（John Rawls, *A Theory of Justice*, 1971）と共同セミナーを開いて、活潑に意見を交換し、ロールズの著作に対する最も適切な書評を発表したりしている。この時期での蓄積が、上述の二面性との関連でどのような形で現われてくるかはまことに興味深い。

現在の新古典派経済学批判の傾向は、産業社会全般の基本的趨勢からみて根強いものがある。この状況の中にあってアローの役割はおそらく二重の性格を帯びるだろう。一方では、性急な新左翼的批判に対して、広義の合理性に基づく分析の意義を支持するように努めるだろう。しかし同時に他方では、機械的な市場崇拝と民主主義信仰に対する批判者でもなければならないだろう。しかもこの後者の役割をある程度以上啓蒙的なレベルで果たすことが、前者の役割を果たすためにも必要であろう。このような中間派の立場は決して容易なものではないが、しかしアロー教授の役割はおそらくこの点にあると思われる。

*

このような点からみて最近のアローの活動のうち二つのものが私の注目をひいている。一つは、昨年一月の七人のノーベル科学者達の声明への参加である。この声明は、グンナー・ミュルダールの主唱によるもので、西側経済体制の変革の必要を強く説いている。ミュルダールやティンバーゲンなどの社会民主主義者がこの声明に署名することには何の不思議もないが、アローがこの声明に参加したことは一つの「事件」であり、彼が最近何らかの決意をしたと想像してよいのかもしれない。

もう一つの例が、ここに訳出した本書である。これまで厳密な理論分析の著作しか発表してこなかったアローが、啓蒙的な著作を公表したことも一つの決意の現われなのかもしれない。しかし本書は啓蒙的ではあっても不正確なものではない。そしてこれまで述べてきたようなアローの二面的な立場が一貫してつらぬかれている。それは一方では新左翼的な立場に対して合理性の立場を主張し、他方では保守派に対して市場の限界を指摘する。その中で新しい型の組織理論の構想を提起している。

従来の組織理論の流れの中でいえば、アローの方法は、サイモン以降の現代組織理論の系統に親近感を示しながら、不確実性に基づく情報の概念を基礎に置こうとする点でやや異なった方向をめざしている。その点ではシュライファーなどにも近いが、それよりも明らかに包括的であって、一つの新しい理論が構想されているといってもよかろう。バーナード以降の組織理論からみれば、やや形式的あるいは合理主義的にすぎるという批判があるかもしれない。また他方、経済学者たちからすれば、モデルの形式的性格が明瞭でないという批判があるかもしれない。しかしこの本はいずれにせよ一つのスケッチであって、より本格的な議論はアロー自身による今後の研究発表を待たなければならないだろう。

しかし啓蒙書としての本書の意義は、組織理論の理解という点にとどまるものではない。産業社会の後期段階にあって人々はこれまでの価値観について根深い懐疑を抱くようになっている。本書はこのような状況に対して現代最高の分析的頭脳が正面から対応した努力の記録である。極端な左翼あるいは右翼の両面からみて、本書はおそらくいらだたしいものに見えるだろう。しかし中間を占める多くの人々にとって、本書の味読は実質的な手応えを与える経験となるにちがいない。

解説『組織の限界』

坂井豊貴

ある日自宅に帰ると筑摩書房から手紙が届いており、それにはケネス・J・アロー教授の名著『組織の限界』を文庫化するから解説を書いてくれとの依頼が記されていた。だがこのこと自体がすでに本書の考察の対象である。

そもそも筑摩書房が私に依頼の手紙を郵送するのは私が筑摩書房の職場にいないからであり、なぜいないかというと私は筑摩書房の社員ではないからだ。

一方の、手紙を書いた田所健太郎氏は筑摩書房の社員である。彼は筑摩書房という組織の内部者であって、組織の外部者である私にたいして、私を必要とするときのみ仕事を依頼する。筑摩書房は編集者を内部に抱える一方で、文庫の解説者は外部からその都度、一時的に採り入れる。ここに筑摩書房という組織の内外をへだてる境界があるといえよう。

そしてアローが本書で投げかける問いは、なぜ筑摩書房が私を社員にしないかと、なぜ筑摩書房が編集者を社員にするのかを含んでいる。これは市場と組織の区分にかかわる。

ひとつの経済学的な説明は、筑摩書房にとって、編集者のほうは長期的に雇用し、解説者のほうは一時的に雇用するほうが、総合的に安上がりだからである。とはいえ総合的に安上がりとは、いったい何が安上がりになるのか。

比較的容易に思いつくのは育成コストである。『組織の限界』の解説者を自前で育成するのはコストがかかるうえ、他の書籍の解説には使いまわしできない。しかもその解説者は、外部の学者市場を探せば存在する。一方で筑摩書房の編集者は、編集者としての能力を要するのはもちろん、社内の規則や慣習にも通じておく必要があるから、内部でコストをかけ育成する。ひとたび育成すれば社内で色々使えるので、社員として内部に採り入れる。

では組織の機能の本質は、育成コストを安上がりにすることなのだろうか。

アローによるとそれだけでは説明に不十分だ。組織はそのなかで情報を流通させたり、共有したりする機能を持つ。これはバラバラな個人たちにはできない、組織における情報の効率的活用である。ひとつ例をあげよう。

この解説文の締切日は二〇一七年二月七日であった。私は締切を守ったが、もともとは守る気がなかった。その時期は多忙だったのだ。締切日はある程度の余裕をもって設定されているのが通常だから、私は一週間くらいなら遅れても平気だと予想していた。そしてあるとき私はこのことを、筑摩書房の「ちくま新書」の編集者である橋本陽介氏に、雑談のなかで言った。すると橋本氏は急に真顔になり、その締切は本当に本物だから必ず守るようにと告げた。私はそうだったのかと考えを変え、締切を守った。

これが可能だったのは、橋本氏が筑摩書房の内部におり、書籍の出版スケジュールについて情報を持っていたからだ。だが話は決して単純ではない。

私が橋本氏に『組織の限界』の解説を書くと言うまで、彼はそのことを知らなかった。つまり本書の出版スケジュールは知っていたが、誰が解説を書くかまでは知らなかった。当然ながら、組織内すべてのメンバーが、すべての情報を共有しているわけではない。情報の伝達コストや認知コストなどを考えれば、すべてのメンバーがすべての情報を共有するのは、ひどく非効率だ。

情報をいっさい共有しないのも、すべて共有するのも非効率である。最適な共有のあり方は、それら両極のあいだのどこかにあるはずだ。だが具体的にどのレベルの共有が最適か判断するのは難しい。アローはそのように難問の所在を指摘する。そしてバラバラな個人よりは、最適なレベルではなくとも、組織のほうが情報をうまく活用しやすいと論じる。


アローは本書で実に多くの紙数を「情報」に費やしている。講演を書籍化した本書は、語り口こそ平明だが、情報の経済学を前提とする内容も多く、気軽に読み流せるたぐいのものではない。頻出する「シグナル」というキーワードは「情報を送る信号」のことを意味するが、これは「シグナルを受ける以前と以後では、起きる事態の主観的確率分布が変わる」のように使われている。

実は私は橋本氏から「二月七日は本物の締切日だ」とのシグナルを受けたときに、

ただちにはそれを信じなかった。彼の口ぶりは真剣であったが、そもそも同社の仲間が「二月七日の締切日に遅れても大丈夫」とは言わないだろうからだ。

私が橋本氏のシグナルにもとづき「なるほど二月七日が本物の締切日なのか」と主観を変えるうえでは、もう一つ別のシグナルを必要とした。私はそのとき、田所氏が正月に私に年賀状を送ってくれ、そこで解説をよろしくと記していたのを思い出したのだ。通常は、解説一本を書かせるだけの相手に、年賀状を送っての念押しはしない。年賀状の作成には、それなりに手間を要する、コストがかかるからだ。わざわざそのコストを払ってまでも発されたシグナルの信憑性は高い。

かくして私は、田所氏からのシグナルと、橋本氏からのシグナルを合わせて、「なるほど二月七日が本物の締切日なのか」と主観を変えるにいたった。厳密にいうと、それでも一日二日くらいなら遅れても大丈夫だったはずだと今でも思っており、アップデートされた主観的確率分布は「本物の締切である確率は、二月七日が五〇％、八日が三〇％、九日が二〇％」くらいである。私はこの主観的確率分布をもとに、七日に原稿を提出することを決めたのだった。

他者と正しい情報を共有することは、思いのほか難しい。編集者は締切日にかんする情報を、手紙や会話といった文章《シグナル》で、私に伝達する。私は受け取った文章《シグナル》を、そのまま鵜呑みにするのではなく、それが実際に意味することをつかもうとする。このコミュニケーションコストがかかるのは、私が筑摩書房の外部におり、出版工程や社内状況の情報を、内部の人と共有していないからだ。「組織の限界」という書題は「組織の境界」の意を少なからず含んでいる。

こうしたシグナルの研究は、アローが本書の講演を行った一九七〇年あたりから急速に進展し、その後の経済学の研究を大きく方向づけた。当該分野の先駆者であり、本書にも名前が登場するスペンスやスティグリッツは、その後ノーベル経済学賞を受賞している。これに限らず、本書でアローが注目する多くのテーマは、一九七〇年代以降に広く議論されるようになっており、その意味で本書は予見的である。

そして正しい情報の共有という一見シンプルな課題は、アローの講演から半世紀が経とうとしつつあるいま、いよいよ世界的な難題となってしまった。アメリカのトランプ大統領を代表的存在とする「ポスト真実《トゥルース》」と呼ばれる政治の時代において、大がかりなデマや嘘が、国家や国際社会といった組織を大きく揺るがしている。トランプ氏の選挙期間には、アローを含む経済学者有志が「トランプ氏は選挙で誤った情報を流し、公共への信頼を低下させている」という非難声明を発表した。この時代状況を意識したとき、いまいちど読者は本書『組織の限界』から、情報という厄介なもの、そして信頼という貴重な資産について、考えさせられることになるだろう。

本書の原著は一九七四年にノートン・アンド・カンパニーから、邦訳は一九七六年に岩波書店からそれぞれ公刊された。翻訳はアローと旧知の間柄にあり、東京大学や国際日本文化研究センターの教授をつとめた故・村上泰亮氏による。村上は経済体制論や文明論にかんする著作を多く発表しており、現在、それらは「村上泰亮著作集」(全八巻、中央公論社)にまとめられている。村上は一九七〇〜八〇年代の代表的な論壇人でもあり、一般にはそこでの活躍で知られている。

しかし村上が、日本語での著作や論壇での活動を始める前の時代に、投票の数理の研究で国際的に高い評価を得ていたことは、あまり知られていない。そしてそこに村上とアローとの、ただならぬ接点がある。アローは本書の「日本語版への序文」で村上のことを「友人でかつての同僚」というが、両者の学問的な関係はそれよりはるかに深い。

本書の第一章でアローは「社会的な判断を、個人の表明された選好を集計することによってつくり上げようという試みは、つねに逆説の可能性に導く」（三九ページ）と述べている。これはアローが一九六三年の著作『社会的選択と個人的評価』（第二版）で示した、「アローの不可能性定理」のことを指している。詳細は省くが、この定理は、人々の多様な考えから、ひとつの社会的決定を導く制度を作ることの困難を示すものだ（詳細は拙著『多数決を疑う』岩波新書を参照されたい）。簡潔に宣言文だけを記すと次のようになる。

・満場一致性と二項独立性の条件をともにみたす社会的決定の制度は、独裁制だけである。

皆の考えが同じときには社会はそれを採用する、というのが満場一致性という条件が意味することだ。二項独立性はより技術的な条件で、「選択肢AとBのどちらが社会的に好ましいかを決めるとき、他のCとの関係はいっさい影響しない」ことを意味する。そして独裁制とは、一人の独裁者の考えが、つねにそのまま社会の決定となる制度のことを意味する。アローは、満場一致性と二項独立性を満たす制度は、独裁制だけだと数学的に証明したのだ。むろんアローは独裁制を肯定しているわけでも、したいわけでもない。独裁制を許容しがたい以上、満場一致性と二項独立性の両立は、不可能だと示したのだ。これがアローのいう「逆説の可能性に導く」がいわんとすることだ。

満場一致性と二項独立性を合わせると、独裁制が出てくる。いわばこれは満場一致性と二項独立性の「共犯」である。では満場一致性と二項独立性の、どちらが「主犯」なのだろうか。この問いに最も鮮やかな解答を与えたのが村上泰亮である。彼は次のことを示した。

・二項独立性をみたす社会的決定の制度は、独裁制と逆独裁制だけである。

逆独裁制というのは、社会に「逆独裁者」という者がいて、つねに「その人の考えの正反対」を社会の決定とする制度である。もちろんきわめて奇妙な制度であり、常識的に思いつくようなものではない。村上は定理のかたちで、二項独立性をみたす制度が、独裁制か、逆独裁制しかありえないことを示した。さて独裁制は満場一致性をみたすが、逆独裁制はみたさない。よって村上の定理は次のことをただちに意味する。

・二項独立性をみたす社会的決定の制度は、独裁制と逆独裁制だけである。そして独裁制は満場一致性をみたすが、逆独裁制はみたさない。よってアローが示すとおり、満場一致性と二項独立性をみたす社会的決定の制度は、独裁制だけである。

すなわちアローの不可能性定理において満場一致性が果たす役割は、逆独裁制を除外することと、このきわめて軽微な一点のみである。よって不可能性の主犯は、まごうことなく二項独立性なのだ。

村上の定理はモノグラフ Murakami, Y. *Logic and Social Choice*（1968, Routledge）に収録され、当該分野の大家である鈴村興太郎氏の翻訳が、先述した「村上泰亮著作集」の第一巻におさめられている。なお村上はこのモノグラフを発表したあたりから、研究分野を経済体制論や文明論にシフトさせ、また日本での、日本語での活動に重きを置くようになっていった。

それにしても、かくも見事にアローの不可能性定理の論理構造を明らかにした村上の頭脳、技術、およびセンスは尋常の域をはるかに超えている。そしてかようにアローの思考を深く理解する村上が、アローの思索が詰め込まれた『組織の限界』を翻訳したことは、われわれ読者にとって僥倖以外の何物でもない。

私が本書をはじめて読んだのは、一九九九年に本書が岩波モダンクラシックスとして復刊されたときであった。当時大学院生であった私は、経済学の思考に基づきながら、経済をはるかに超えた射程をとらえるアローの議論に、大いに感銘を受けたことを覚えている。そしていささか晦渋なアローの文章と比べれば、村上の訳文は正確ながらも整理されており、文意をつかみやすい。もちろん村上泰亮に独特の格調は自然に備わっている。

ひとりの愛読者として、このたび本書がちくま学芸文庫におさめられたことを心より嬉しく思う。本書は社会科学の古典の一冊であるのみならず、組織の混沌と市場の激流のなかを生きる個人が、自分をとりまくものとの関係をつかむための羅針盤でもある。それぞれの読者は、それぞれに生きる時代を見渡す視点を、本書から与えられるだろう。

（さかい・とよたか　慶應義塾大学経済学部教授）

⇨契約

ラ 行

ライファ（H. Raiffa） 81
ラドナー（Roy Radner） 58, 92
利己主義（Selfishness） 31
倫理（Ethics） 42, 60, 108–109
⇨価値
ルーズベルト（Franklin D. Roosevelt） 100
労働組合（Labor unions） 114

チーム（Teams）
──の理論（theory of） 92
テーク・オーバー・ビッド（Take-over bid） 114
テレパシー（Telepathy） 133
統計的な決定理論（Statistical decision theory） 81
統制の範囲（Span of control） 65
⇨情報
道徳（Morality） 42
⇨価値

ナ 行

ニクソン（Richard M. Nixon） 116

ハ 行

配分（Allocation）
権威に基づく──（authoritative） 25, 106
『バガヴァッド・ギーター』（Bhagavad Gita） 110
バーク（Edmund Burke） 21
バクーニン（Mikhail A. Bakunin） 18
ハーシュマン（A. O. Hirschman） 135
ハーバード大学（Harvard University） 141
パレート（Vilfredo Pareto） 27, 102
ヒーレル（Rabbi Hillel） 16
品質管理（Quality control） 87
不確実性（Uncertainty）
意思決定における──（in decision-making） 79
価格システム内の──（within price system） 53
情報収集における──（in information gathering） 69, 98
不確定的財貨（Contingent commodities） 54
⇨契約
不規則な波動（Stochastic fluctuations） 68
符号化様式（Codes）
──の資本蓄積（capital accumulation of） 70
──の役割（role of） 93, 95-97
影響力としての──（as influencing factors） 97-98
行動の──（of conduct） 107, 130, 140-142
情報伝達のための──（informational） 66, 95
組織のための──（organizational） 95-97
倫理の──（ethical） 52, 108-109
ブロック（Marc Bloch） 110
フロム（Erich Fromm） 134
分配上の正義（Distributive justice） 36-37
ベッカー（G. S. Becker） 95
保険（Insurrance） 55-60
ホッブズ（Thomas Hobbes） 111, 117

マ 行

マルシャック（J. Marshak） 63, 92
無視の利益（Salutory neglect） 78
メーヨー（Elton Mayo） 134
免責条項（Exculpatory clause）

132
統制の範囲（span of control） 65
情報チャネル（Information channel）
——としての教育（education as） 102
——の獲得（use of） 60, 69
——のコスト（cost of） 89-93
意思決定に影響を与える——（influencing decisions） 79-80
職業的倫理（Professional ethics）
⇨倫理；制度
所得（Income）
——の分配（distribution of） 33, 38
新右翼（New Right） 19
新左翼（New Left） 18
信頼（Trust value） 35, 42
スティーグラー（G. J. Stigler） 100
スミス（Adam Smith） 71
制裁（Sanctions） 124, 135-136
制度（Institution）
——としての権威（authority as） 107
——としての職業的倫理（professional ethics as） 60
集団的——（collective） 40-41
目に見える——（visible） 41
責任（Responsibility）
——の有効性（effective） 129, 137
企業の——（corporate） 31, 114-115, 129
不可欠なものとしての——（as necessary） 129
選挙（Elections） 112-113
選択（Choice）
行動計画に関する——（of agenda） 76
社会的緊張を生むものとしての——（creating social tension） 19-25
情報チャネルに関する——（of information channels） 64
組織（Organization）
——としての個人（individual as） 53
——としての市場（market as） 52-56
——における権威（authority in） 123
——における世代間交代（generational changes in） 102
——の行動計画（agenda of） 78-79, 89, 100-102
——の責任（responsibility of） 31, 114, 129
——の目的（purpose of） 53
情報を獲得する——（gathering information） 90
符号化様式の使用（use of codes） 93-94
ソレル（Albert Sorel） 18

タ 行

タイタニック号（Titanic） 87, 133
大不況（1929年）（Depression） 77
多数決ルール（Majority rule） 120, 142
『タルムード』（Talmud） 110

(supplied by individuals) 88
符号化様式としての ―― (as codes) 93
資源 (Resources) 24, 32-33
市場 (Market)
――と自由の概念 (and concept of freedom) 31
価格関係によって影響をうける ―― (affected by price market) 40
裁定するシステムとしての ―― (as mediating system) 25
組織としての ―― (as organization) 52-56
実験 (Experiments) 81-90
市民監視委員会 (Civilian review board) 116
⇨再審査手続き
市民的不服従 (Civil disobedience) 112
社会 (Society)
――の効率性 (efficiency of) 27
――の政府統制 (government control of) 36-37
――のなかでの個人間関係 (interpersonal relationships within) 19, 24-25, 39
――のなかの権威 (authority within) 108-115
――の要求 (demands of) 44-45
個人との対立 (in conflict with individuals) 17, 44-46
シャノン (Shannon) 63
『自由からの逃走』(*Escape from Freedom*) 134
充足統計量の理論 (Statistics, sufficient, theory of) 91
集団的行動 (Collective action) 20-21, 41, 53
集団的合理性 (Collective rationality) 39
需要と供給 (Demand and supply) 54, 76
シュライファー (R. Schlaifer) 81
ショー (George Bernard Shaw) 38
消費者によるコントロール (Consumer control) 115
情報 (Information)
――源 (sources of) 88-89, 102, 136
――の減価 (depreciation of) 68
――の交換 (exchange of) 71, 118
――の使用 (uses of) 64, 80, 86, 91, 113, 122, 130
――の特徴 (characteristics of) 60, 131-132
――理論 (theory) 63
意思決定における ―― (in decision-making) 79, 118-119
権威に影響を与える ―― (affecting authority) 135
研究開発としての ―― (as research and development) 98
行動計画によって影響をうける ―― (affected by agenda) 79
符号化様式の形をとった ―― (in codes) 66, 94
過大負担の要因 (overload factor)

――と情報（and information） 61-65, 78-80
――と責任（and responsibility） 29-32, 129
――の合意（consensus of） 120-122
――の行動計画（agenda of） 86-88
――の相互作用（interaction of） 26, 38-39, 46, 118
株主としての――（as stockholder） 114
患者としての――（as patient） 60
市民としての――（as citizen） 125
選挙民としての――（as voter） 113
組織としての――（as organization） 53
投資家としての――（as investor） 83-85
投入物としての――（as input） 64, 68-71, 88
符号化様式を使用する――（utilizing codes） 70-72, 93-97
保険のかかっている――（insured） 58-59
社会との対立（in conflict with society） 16-19, 44-46
選択のジレンマ（dilemma of choice） 23-25
個人間関係（Interpersonal relations） 24-32, 45
コーディネーション（Coordination）
――のゲーム（gemes of） 96
コミットメント（Commitment） 47-48, 69
コミュニケーション・チャネル（Communication channel） 90-93
雇用契約（Employment contract） ⇨契約
雇用法（1946年）（Employment Act of 1946） 77
ゴンブリッチ（E. H. Gombrich） 67

サ 行

最終決定（Terminal acts） 81-83, 87-91
再審査手続き（Review procedure） 140
最低賃金（Minimum wage） 23
最適性（Optimality） ⇨効率性
再分配（Redistribution） 38
サイモン（Herbert Simon） 41, 108
サマーズ（R. Summers） 99
ジェームズ（William James） 87
シェリング（T. C. Schelling） 96
シグナル（Signals）
――の概念（concept of） 62, 67, 72
――の使用（use of） 37, 72, 92, 130
意思決定に影響を与える――（affecting decisions） 82-84
行動計画に影響を与える――（affecting agenda） 101
個人によって供給される――

⇨組織
逆選択（Adverse selection）
⇨保険
教育（Education） 24, 102
競争（Competition） 25, 135
共謀の合意（Collusive agreement） 71
クライン（Burton Klein） 98
クロムウェル（Oliver Cromwell） 132
契約（Contract）
——における免責条項（exculpation clause in） 57
コスト・プラス——（cost plus） 55
雇用——（employment） 41, 108
財の——（commodity） 41
条件付きの——（conditional） 54, 58
ゲームの理論（Game theory） 121, 130
権威（Authority）
——と責任（and responsibility） 111-113, 129
——についての不信感（suspicion of） 112
——の効率性（efficiency of） 119-123
——の制限（limitations on） 111-112, 135-140
——の変化（changes in） 108-112
軍事的——（military） 119
司法的——（judical） 108, 112, 138
宗教的——（religious） 109-110
人格的——（personal） 107, 119, 132
政治的——（political） 112
存続力としての——（as viable force） 106-108, 115-116, 123-127, 139-142
非人格的——（impersonal） 107, 119, 130-132
必要なものとしての——（as necessary） 111, 117
コア（Core）
——の理論（theory of） 71
合意（Consensus） 120-122
行動計画（Agenda）
——における変化（changes in） 100-102
——の概念（concept of） 76
——を決定する諸要因（factors determining） 78-90
効率性（Efficiency）
——の増大（increased） 36, 42
——の損失（loss of） 132
——の達成（achieved） 28-32, 42
——の定義（defined） 27-28
権威の——（of authority） 119-123
情報上の——（informational） 91-93, 118
短期的な——（shortrun） 102
個人（Individual）
——と価格システム（and price system） 28, 31-32, 44, 53
——と権威（and authority） 123-127, 134

索　引

ア　行

アクトン（J. E. D. Acton）　129
アナルコ・サンディカリズム（Anarchosyndicalism）　18
アーノルド（Mathew Arnold）　110
意思決定（Decisions）
　——と情報（and information）　79, 102, 118–119, 133
　——と組織の行動計画（and agenda of organization）　100–101
　——の型（types of）　81, 118–119
　——の領域（areas of）　82–88, 101
『イリアッド』（*Iliad*）　47
受入れ調査（Acceptance sampling）　81
エリート（Elites）
　——の循環（circulation of）　102
汚染（Pollution）　33–34, 88

カ　行

外部性（Externalities）　36–37
価格システム（Price system）
　——の欠陥（drawbacks of）　31–39, 55–60
　——の派生的権威（derivative authority of）　114
　効率性への手段としての——（as means to efficiency）　28–32
　個人に対する効果（effect on individuals）　28–29, 44, 53–55
　組織内における役割（role within organizations）　56, 123
価格のあり方（Price schedule）　56
価値（Values）
　——と効率性（and efficiency）　35–39, 42–43
　——と社会的な協定（and social agreement）　46
　——と責任（and responsibility）　129
　——の選択に関するジレンマ（dilemma of choice in）　20–27
　——の不明瞭さ（ambiguity of）　38–39
　符号化様式としての——（as codes）　52, 107–108, 130, 140–141
株式市場（Stock market）　55
株主（Stockholders）　114
カーライル（Thomas Carlyle）　23
為替レート（Exchange rates）　77
機会（Opportunities）　22–24
企業（Corporation, business）
　——の意思決定領域（decision areas of）　101
　——の責任（responsibility of）　31, 114–115

本書は、一九七六年七月、岩波書店より刊行され、一九九九年一一月、「岩波モダンクラシックス」シリーズの一冊として再刊された。

ちくま学芸文庫

組織《そしき》の限界《げんかい》

二〇一七年三月十日　第一刷発行

著者　ケネス・J・アロー
訳者　村上泰亮（むらかみ・やすすけ）
発行者　山野浩一
発行所　株式会社　筑摩書房
東京都台東区蔵前二―五―三　〒一一一―八七五五
振替〇〇一六〇―八―四一二三
装幀者　安野光雅
印刷所　株式会社精興社
製本所　株式会社積信堂

乱丁・落丁本の場合は、左記宛にご送付下さい。
送料小社負担でお取り替えいたします。
ご注文・お問い合わせも左記へお願いします。
筑摩書房サービスセンター
埼玉県さいたま市北区櫛引町二―六〇四　〒三三一―八五〇七
電話番号　〇四八―六五一―〇〇五三

ISBN978-4-480-09776-7 C0133